一流ビジネスパーソンへの登竜門

バカモン!

近藤 昇

カナリア書房

まえがき

人生の八時五〇分にいるあなたへ――

この本を手にとってくださったあなたに、まずは心から感謝申し上げたい。
「『バカモン！』なんてふざけたタイトルだな」……そう思われたかもしれない。しかし二〇年前、この「バカモン！」を幾度か浴びせられたのは、他でもない私である。敬愛する先輩に、上司にだ。ある時先輩に「お前は、三拍子そろっている。体もデカイ、顔もデカイ、そして態度もデカイ」と言われたことを今でも思い出す。それほど、若い頃の私は、上司に食ってかかる生意気なヤツだった。しかしそんな私を愛情を込めて、叱ってくれた諸先輩方がいたからこそ、今の自分があると感謝している。

時代は叱らなくなった。会社というものが人を育てなくなったのだ。「叱るな、ほめろ。ほめて、いい面だけ伸ばしてやれ……」。忍耐のない（と思われている）新入社員を前に、甘やかして人を育てようとする会社がいかに多いことだろう。しかし、叱られ弱い人材はやがてつぶれる。逆境を知らないから、いざという時役に立たない。それは本人にとっても実は不幸な事態なのだ。

ガラス細工を扱うような接し方で、人間が育つわけがない。目を見ろ、観察しろ、愛情を持て、そして言葉を放て、と上司や経営者の方には申し上げたい。

黙っていては伝わらない。こんなスピードの早い時代に、以心伝心なんておふざけもいいところだ。それは熟達したプロ同士でやればいい。

就職氷河期を過ぎ、今、会社は若い力を登用しようとしている。彼らに重なるのは、二〇年前の自分である。若くて、世間知らずだった頃の自分に、もしも今会えるなら私もまた先輩方のように、やはり言うだろう。「バカモン！」と。

若い人に言いたい。「叱らない上司にほっとするな」と。叱られないですむ会社は、自分が成長する機会を与えられない会社かもしれないのだ。人を育てない会社であるかもしれないのだ。異論もあるだろう。かまわない。しかし、人を磨くのは人なのだ。だからこそ、社員宛のメールに、「バカモン！」と返し続ける。それが、自分を育ててくれた先輩方や当時の会社への恩返しでもあると思っているからである。

断っておくが、私は社員が新たなことにチャレンジし、失敗した時に叱ることはまずない。弊社には創業当時から月間ＭＶＰ選考という独自の制度を導入している。評価基準は「新しいことにチャレンジしたかどうか」である。「新たなことにチャレンジし、かつ成果をあげた」が一番評価が高い。そして「新たなことにチャレンジしたが、成果がなかった」ほうが、「現状維持」

よりも評価が高い。

私が社員に対して「バカモン！」と言うのは、仕事に対して「ごまかし」「うそ」「手抜き」があった時である。新たなことに向かって努力もせず、その場を適当にごまかし、うそや手抜きで切り抜けようとするのが見えた時、私は心底腹が立つ。そして「バカモン！」と一喝する。経営者として真剣勝負をしているのだ。ぬるま湯に浸かって仕事をしたいなら他をあたれと、言いたい。

また私は、社員に「仕事には公式がある」と伝えている。これまで私は、数多くの企業支援に携わってきた。幹部・社員研修に関わったことも数知れない。仕事には公式があると私が言うのは、業種業態が異なる様々な会社を見てきた中で、実は仕事の基本は同じなのだと気づいたからに他ならない。この本には、弊社だけでなく、すべての会社に共通して当てはまるであろう仕事の公式を72個掲載している。

私は自分のことを成功者だと思っていない。大きな会社でも、小さな会社でも働いた経験を持つ、中小企業支援会社の経営者だ。それ以上でもそれ以下でもない。成功を語るにはまだまだ早い。人生では若手だと考えている。しかし一方で、少なくとも、同世代で大企業に勤めるビジネスパーソンにひけを取ることはないと自負している。プロのビジネスパーソンとしての自負だ。その自負を育てるに貢献してくれているのが、この本にある「バカモン！」なのだ。私が二〇年以上かけて体得した「バカモン！」を、もし社会に入る前に知り、日々心がけてもらうなら、間違いなく成功へのショートカットができるはずだ。

「サラリーマンを十年続けるとその道のプロになれる」とよく耳にする。しかし勘違いするな。のんびりと努力もせず、十年間仕事をしただけで一人前になれるわけではもちろんない。叱られ、恥をかき、それでも努力し、必死の思いで一つひとつ乗り越えてゆく。そうやって人は、プロへと続く階段を一段、また一段と昇ることができる。甘く考えるな。私もそうやって、二十年以上かけて、ここまできたのだ。

今、社会も大人も叱らなくなった。上司は、若手に対して「辞められてはいけない」とびくびくし、こわれもののように扱っている。ほめる時はほめればいい。けれど、叱る時は叱るべきである。「叱る」というのは、相手のためを思って行えることだ。怒りにまかせて「怒る」のとは違う。「叱る」ためには、叱られる人間に対する愛情が必要だ。そして自身がしっかりした価値観を持っていなければ、確たる叱り方はできない。つまり、上司が叱らなくなったということは、それだけプロのビジネスパーソンが少なくなったということだ。

魂を込めて「バカモン！」と言おう。この言葉を、経営者からではなく、すぐそばにいる、あなたより少しは人生の経験を積んでいる先輩からの言葉として聞き届けてほしい。若い勇気を信じてやまない。

さあ、もうすぐ人生の時計は九時。社会人としてのスタートだ。

一流ビジネスパーソンへの登竜門　バカモン!●目次

一流ビジネスパーソンへの登竜門

馬鹿者

バカモン！

ビジネス筋力を鍛える鉄則72

馬鹿者 1

仕事とは理不尽の連続だ。

「私がやりたいのは現場監督だ。コンピュータなんか死んでもやるか！」

現場監督になりたくてゼネコンを就職先に選んだ私は、想定外の部署入りを命じられて、そう叫んだ。

そもそも私は、就職活動はほとんどしていない。建築学科に在籍していた私は、大学にいるより雀荘やパチンコ屋に入り浸っている時間のほうが長く、学内の推薦すら落ちた。そして就職はどうしようかと考え始めた時、頭に浮かんだのが現場監督だった。背広にネクタイ姿より、左官や大工などの職人さんと一緒に働く自分の姿のほうが、どう考えても数段楽しそうなのだ。現場監督ができるなら、会社は別にどこでもよかった。

そんな冗談のような理由でゼネコンに就職した私に突きつけられたのが、電算室（情報システム室）の仕事だったのである。二十年前の新入社員（私だ）はふてくされていた。しかし、叫んでも、クサっても始まらない。思うに会社とは理不尽なものだ。そして誤解を恐れずに言えば、「理不尽が人を育てる場所」、それが会社なのだ。

「俺を電算室に入れるなど、野生動物を檻に閉じ込めるようなものだ」と鬱屈していた当時の私に、無情にも先輩はこう言った。

「俺が三年でマスターした仕事を、お前は三ヶ月でやれ。ノウハウを教えてやるんだから、それくらいの期間で出来て当然だろう」。

私より三つ上、阪大工学部卒の舟岡先輩はそう言った。いくらなんでも、理不尽ではないか？　会社とはなんという場所だと、本気で悩んだこともあった。しかし、生来が負けず嫌いの私は、とにかく必死に仕事した。

SOHOで会社を立ち上げた頃、舟岡先輩の元上司でもあり、私より十歳上の榎原先輩と、数年ぶりに再会した。酒を酌み交わしながら、私は榎原先輩に「入社してすぐ、舟岡さんから、俺が三年でマスターした仕事をお前は三ヶ月でやれ、と言われたんですよ。なんてムチャなとそのときは思いましたが、今となってはそのありがたみがわかります」と言った。すると榎原先輩は、「俺は新人時代の舟岡に、俺が三年かかったのを一年でやれと言ったんだ」とおっしゃるではないか。

会社とは、社会とは理不尽なものだと心得よ。そして、そのときの経験は将来に活きる。いちいち、挫折をしていては「バカモン！」だ。ましてや、三年以内に辞めるなんてもってのほかだ。

馬鹿者 2

自信の付け方には順序がある。

人生における自信の付け方には順序がある。私の場合、一度天狗になってへし折られ、そこから努力して、今度は本物の自信を少しずつ付けてきたのだと思う。だから、二十二、三歳だった入社当時の私は、まだ天狗にさえなっていない、中途半端で生意気なヤツだった。

入社一年目の社員旅行の時など、自分のしたい仕事ができない悔しさが爆発し、私はある先輩と取っ組み合いになった。こてんぱんにされ、二ヶ月間ギプスをするハメになった。

舟岡先輩には、他にも「俺が二年目で取得した情報処理の資格を、お前は一年目で取れ」と難題を突きつけられていたのだが、その試験は、ギプスをしている期間のことだった。「まさか、受けないわけじゃないだろうな」と言われて、しょうがなく受けに行き、そして落ちた。悔しいから勉強した。そして、二年目。今度は受かった。やれやれだ。なんとか舟岡先輩と同じ二年で取れたんだから、それで良しとした。

その次には、特種情報処理試験にもパスした。この合格者は、当時私が知るC社（情報処理の派遣会社）で、六〇〇〇人中一〇〇人もいなかったことから、自分でもまんざらではなかった。そうして、徐々に自信めいたものが芽生え、二五、六歳で天狗になった。仕事は何でもうまくいく気がしていた。そして私は、四年間在職したゼネコンを退社した。この時最初に相談したのが落水先輩で、私より六つ上であった。「好きにやれば」との一言に、奮い立った。自分の人生だ、自分で舟を漕がねばどうする、と。その後、小さな会社二社を経て、SOHOで会社を立ち上げた。事務所を法人化、その後山あり谷ありの連続ではあるが、何とかここまで会社を続けることができている。

しかし、そう簡単にはいかない。三十七、八歳の頃に私はスランプに陥ったのだ。事業展開の本格化を見据え、東京に事務所を構えた頃のことだった。何をするにも気分が乗らず、体調も崩した。この時、「自信の付け方には順序がある」と心底思った。いったん天狗になって、スランプになり、そこからが正念場だ。ここで、とことん努力をし、状況を打開してこそ自信が培われる。

諸君はこれから先、自信を付けてもいくだろう。天狗にもなるだろう。なればいいのだ。「バカモン！」とへし折られたら、そこからがチャンスだ。

馬鹿者

3 腹から声を出せ。その時点で頭一つリードだ。

仕事で声が小さい人間は大成しない。たとえば会議の場。自分の意見が間違っていないか、周りからどう思われているのかを気にするあまり、ぼそぼそとしゃべるヤツが本当に多い。「バカモン！」だ。自信がないように見えるし、当たり障りのないことしか言わないから、いまいち気持ちも伝わらない。お客様との同席時もそうだ。せっかく盛り上がって話をしているというのに、横でぼそぼそとしゃべられると、いい雰囲気が台無しになる。声の小さいヤツといると、こちらまで気がめいってくるのだ。

スタートラインではドングリの背比べだ。一歩前に出たければ、声を出せ。しかも、腹の底から。声が大きいヤツはそれだけで元気で清清しく、さらに自信にあふれて見える。自己主張がしっかりできる人間のように見える。

そもそも、寡黙が美徳なんていうのは誰が言いだしたか日本だけだ。そんなことを言うから、自己主張もできない、自信のない人間をますます助長するわけだ。

海外では通用しない。弊社が交流しているベトナム、韓国、中国など、アジアの主だった国を見ても、声の大きいヤツがいい仕事をしている。

日本では、どういうわけか主張することが気に食わないと思われる節がある。なぁなぁでなれ合うのが好きな国民性があるから、主張する人間を嫌うのだ。

自分は声が小さいくせに「あいつの声、でかい。自己主張が見え見えで嫌になるよ。声がでかけりゃ、態度もでかい」と声の大きな人間を称するのだ。そのくせ、言葉と論理でやり込められたら、手も足も出ない。だからますます負け惜しみで、寡黙が美徳の頭でっかちな人間になってしまう。自信のない人間ほどそうだ。

大きな声を出せ。地に足付けて、声を出せ。駆け出しの新人が、他人より一歩出るとしたら、大きな声を出すくらいしかないじゃないか。

声の大きいヤツと声の小さいヤツで同じ能力であれば、間違いなく私は前者を採用する。もぞもぞ言うな、はっきり言え。自信がなくてもいいから、声を出せ。自信なんて、後からついてくるものだ。

4 はっきり話せ。言いたいことは会議で言え。

今でも覚えている。創業して二年目のことだった。新しく入ってきた女性社員が「近藤さん、この会社はアメリカの会社みたいですね」と言うのだ。私がなぜかと問えば「皆さん、すごくはっきりしています」ということだった。それが当たり前だと思っていた私には、予想外の感想だった。

「思っていること」をはっきり言おう。日本に昔からある、寡黙は美徳のような考え方は、ビジネスの世界では通用しない。以心伝心、そんな境地は、本物のプロワーカーになれば自然と訪れる。何も知らないうちから、寡黙や無口を気取っても美学どころか、「使えないヤツ」と思われるだけである。

話さなければ伝わらない。これは、どんな場面でも真実だ。よく会社案内で「和気あいあい、楽しく仕事をしています」と書かれているが、私には「思っていることも言えず、他人との和を大切にしています」としか映らない。和気あいあいとした会議？　和気あいあいとした交渉？「バカモン！」そんなものがあるなら見てみたいものだ。末路は決まっている。ビジネスはお遊びサークルじゃないのだ。

勘違いのないよう言っておくが、周囲の空気を読めずに、ただズケズケ言うのはただの「バカモン！」だ。「はっきり言う」と「配慮がない」を混在してはいけない。こういうヤツは四〇代でも五〇代でもいる。デリカシーがないのだ。その場の空気を読めずにズケズケと相手を傷付ける。ビジネスの場ではっきりものを言うことの本当の意味を理解していないから、こういうヤツに限って、アフターファイブの飲み屋でぐちを言う。会議の場ではじっと黙っているくせに、酒にまかせて不平不満を部下にぶちまけ、ストレスを発散している。論外だ。影でごちゃごちゃ言うヤツは、決して一流にはなれない。

空気を読み、配慮を忘れず、自分の意見をはっきり言う。日ごろ抱いている疑問、納得のいかないことは、飲み屋ではなく会議室で、ビジネスの場ではっきり話す。これがプロのビジネスパーソンだ。

会議室ではケンカもしょっちゅう。インターナショナルに通用するビジネススタイルを持ちたいものだ。

馬鹿者

5 本質を見極めろ。うわべの化粧にだまされるな。

会社の不祥事が表沙汰になるにつれ、よく「なぜ皆分からなかったのだろう」という人がいる。世間というものがいかに本質を見ていないかだ。

最近では不二家の事件。賞味期限切れの材料を使っていたことは現場の誰もが知っていたはずだ。なぜ言えなかったのか？　社員の立場が弱かったのか？　あるいは「会社なんてどこも間違ったことをしている」とでも思っていたのか？

耐震強度問題もしかりだ。私は建築士でもあるので、よく人に「なぜああいうことが行われたのか」と聞かれるが、決まってこう答えた。「鉄筋の数を減らしたことは鉄筋工も知っていたでしょ。それなのに疑いを持たず進めたわけでしょ」と。これは私が建築に詳しいから推測できることでも何でもない。本質を見極めようとすれば、誰にでも分かるはずだ。

これから夢を持って社会人になろうという人たちに言っておく。この例だけではなく、日本のビジネス社会全体に、談合や不正、隠蔽体質がはびこっている。事件の本質はそこにある。しかし、大方が表層的な議論に終わり、根本的な解決に至っていない。たとえば、大企業が中小企業をいじめるのは、昔から変わらない。下請けの劣悪な環境で仕事をしていれば、不正が起きても仕方がないとも言える。日本全体にメスを入れなければ、治らない。かなり深い部分に病巣があるというのに、表の皮膚だけ縫い繕っておしまいだ。

就職活動では、きれいな一面しか見せられないだろう。リクルーターの話が良かったとか、オフィスがきれいだったとか、そんなバカげたことで会社を選んでは、「バカモン！」だ。

あとあとギャップに悩み、会社が嫌になって当たり前だ。これから入ろうとしている会社は、良くも悪くも、言いたいことがなかなか言えない日本のビジネス社会の縮図なのだ、と心得るべきだ。甘い言葉の本質を知れ、裏を見抜け。

就職氷河期が過ぎた？　売り手市場で会社は選び放題？　バラ色の未来など描くな。それは思考停止を意味する。もっと本質を見極めろ。将来もらえる年金の額を知っているだろうか。人口減で、経済は縮小する。もはや、戦後の日本に近い状態なのだ。その厳しい中で利益を出し、社会にも還元しなくてはいけないのだ。これから入る会社は、まさにその戦後日本状態のビジネス社会の入り口なのだ。

馬鹿者 6

変化に耐える筋力を付けろ。

私の実家は、四国の農家だ。日々刻々と変化する自然が相手の仕事だ。台風もあれば、干害もある。日照りが続けば、豪雨もある。だからといっておろおろしてはいられない。事前にできることはしておき、事後で仕方がないことはできるだけの対処をする。そんな両親を見て育ってきたから、変化に対応しようという姿勢が知らず知らず養われたように思う。

社会は変化するものだ。人口減、格差社会、団塊世代の退職、知の流出、アジアの台頭……。変化する時代に俊敏に対応することが、ビジネスパーソンに求められる。

右往左往しないことだ。メディアにつられて、浮き足立つとろくなことはない。うわべの事象につられては、本質を見失う。

原油の値上がりも、もろに波をかぶるのはまず中小だ。大企業ならリスクに備えた備蓄ができても、中小企業にはそれができない。また、大企業なら仕入れ先の中小企業に無理を言えても、中小企業には無理を言う相手がいない。もろに、変化の波をかぶるのだ。

うろたえては、ダメだ。変化に強くなれ。基礎体力を付けろ。それには筋力トレーニングだ。

残念ながら、今の中高年はこのビジネス筋力がない、気の毒だ。スポーツクラブで汗を流し、身体能力は三〇代という健康マニアのシニアが増えているらしい。確かに健康は大事だが、ビジネスパーソンなら、並行してビジネス筋力も鍛え直せと言いたい。中小企業でも変化に弱いのだ。バブル期の成功体験にとらわれた、大企業勤めの人間は特にそうだ。中小企業ではまず通用しない。使う筋力が全然違う。陸上で栄華を極めた選手に、今度は剣道をやれと言えばどうだろう。今まで鍛えたのと違う筋力が要るのだから、負けて当たり前なのだ。

だから、筋力トレーニングをしない奴に「バカモン！」と言う。ビジネスパーソンなら、変化にうろたえるな。もっと前に、兆しをつかめ。兆しをつかむには、どうしたらいいか。日頃から思考を鍛える、本質を見極めるのだ。考え、話し、人に聞く。自分の意見を持つ。照合する。さまざまな事象や数値から、本質や鉄則を導き、実践する。

ビジネスとは、日々問題を解決していくことに他ならない。何でも他人ごとと済まさずに「この場合はどうするか」「自社ならどうするか」「自分ならどうするか」。思考を繰り返し、変化に強い人間になれ。

馬鹿者 7

もうけのからくりなんて簡単だ。

ノウハウ流行りのようである。「成功者になるにはどうしたらいいか」「人の心理を操作してうまく買ってもらうにはこんなコツがある」「〇〇カ月で〇〇百万円稼いだコツ」。本で済むうちはいいが、こういうノウハウが〇万円という値段を付けられて情報商材という名前で売られているらしい。高額のセミナーもあるようだ。全てがまやかしではないだろうが、そんなものでもうけられるなら、世の中お金持ちだらけだろう。

「バカモン！」いつから、日本人はそんなにノウハウ好きになったのだ？ 私はその手の本や商品の中身を見たことはないが、大体想像はつく。なぜなら、すでに知っているからだ。小学生の頃からもうけのからくりを知っている。実はほとんどの人間がそうなのだ。反復していないだけである。

小学生の時、お年玉やお小遣いをもらったら「お小遣い帳」とやらを付けなかっただろうか？もうけの原点はあのお小遣い帳だ。最近は子どもにシミュレーション的に株を教えたり、マネー教育を施したりする講座があるようだが、やりくりを学ぶならお小遣い帳で十分なのだ。

あるいは起業したいなら、身近にあるたこ焼き屋をシミュレーションすれば分かりやすい。屋台・たこ焼き器・ハケなどの設備と備品費、蛸・卵・粉・しょうが・トッピング・ソースなどの原材料費、箱や袋など消耗品費、場所代、そして人件費。そうそう屋台についている提灯や手描きのPOPは販促費になるだろう。それを作るにはペンも要れば、描く人と時間が要る。

一ヶ月ならいくら売り上げたいか、そのためには一日に何舟売れればいいか、一舟何個にして売れれば利益がいくらという計算はおのずとできるだろう。収入と支出、これだけだ。

さらには、立地やマーケティングも必要だ。近くに中学校があれば、安くてボリュームがあるほうがよく売れるだろう。オフィス街であれば、女性の口コミを期待して、トッピングを工夫したおしゃれなたこ焼きがいいかもしれない。メタボリックを気にする中年男性のためのヘルシーたこ焼きなんていいかもしれない。考えるだけで楽しくなってくる。

ノウハウコレクターになるな。高価なだけで役に立たないノウハウを買うよりは、小学生の時の小遣い帳を思い出して資金繰りを考えたり、たこ焼き屋など一番シンプルな基本形を突き詰めたりするほうがよほど訓練になるというものだ。

8 むずかしく考えるな。一言で言え。

私は小泉元首相を嫌いではない。小泉政治の功罪は別として、氏の言動は分かりやすかった。「感動した」の一言が、あれほどニュースになった政治家がいただろうか。

逆に言えば、それほど社会は複雑に言いすぎるということだ。本当の現場や本質を知らない人間ほど、小難しく繕いたがる。大企業の人も、評論家も、コンサルタントもだ。理論武装しなければやっていけない場所だからだ。言い負かされてはいけない、無知を悟られてはいけないと思うあまり、話をむずかしく、時には必要のないことまでうだうだ言う。実際の理論としては使い物になりはしない。

だから「よし、分かった。じゃあ、うちの会社を任せるからやってくれますか」と言われたら、その瞬間足がすくむのだ。理論武装はできても、現実的な経営はできない。私はそんな例を嫌というほど見てきた。

ビジネスの鉄則は分かりやすさだ。目の前の社員にいつも言う。むずかしく考えるな、シンプルに考えろ、と。

世の中単純なヤツが、結局強い。スピード重視の時代。まだるっこしい理屈を並べてばかりでは、遅れを取る。むずかしく考えないヤツのほうが、直感勝負だし、成功している。

もちろん、最低限の理論武装は必要なので、「理論を学ぶ必要はないのか」と安心されては困る。ただ、やはり小難しい理論は、中小企業では通用しない。そこに偏りすぎると「バカモン！」だ。すぐに解決できる問題が解決しない。目の前の課題を片付けることが先だ。本質を見極め、シンプルに対処しよう。

むずかしく考えるから、むずかしいのだ。評論家やコンサルタントの理論に振り回されるのだ。もうこの瞬間から、むずかしく考えるのはよそう。いい例が新幹線のドアの上に出てくる電光ニュース案内だ。簡潔明瞭、分かりやすい。背景を知らなければもちろん伝わらないが、新聞など目を通した人間にはインパクトがある。

「一言で言えば」と説明する癖を付けよ。むずかしく考えるな。ただでさえ、複雑怪奇な世の中だ。ならば一層、簡単に考えよ。単純化こそが成功へのショートカットだ。

馬淵語録 9

習慣化せよ。いい習慣を身に付けよ。

習慣は第二の性格とよく言われる。成功している人を見れば、皆いい習慣を身に付けている。毎日五分でもいいから、それを行うことで成功につながる何かを習慣化するといい。

例えば会議だ。なかばルーティンでだらだらとしてはいないだろうか。日本の会社は会議下手とはよく言われるが、これは会議に出席するメンバーが悪い習慣を身に付けているからだ。他人の発言を聞き流す、居眠りをする、建設的ではない批判的な意見ばかり言う。これらも、実は習慣になっているのだ。これを「会議では必ず大きい声で発言しよう」「一人一回は必ず発言しよう」と決めて実践すれば、これも一つの習慣化だ。いい習慣を実践すれば会社は上を向くだろう。

トラブル対応も習慣化により乗り切ることができる。トラブルに見舞われると、普通は落ち込む。暗い顔で顧客に対応し、ますます印象を悪くする。底なし沼状態だ。

しかし、私の場合は「その先のいいイメージを想定する」ことにしている。「このトラブルは厄介だな。しかし、これを乗り越えれば、いい場所に行けるな」と先の先を想定するのだ。そうすると、必ず好転する。

もちろん、最初からこれができたわけではない。何度も何度もそう考えるようにした。イメージトレーニングという習慣だ。そして今では、自然にやっている。これが習慣のすごいところだ。何も考えなくても、何も苦労しなくても、自然と繰り返してしまう。

PDCAもそうだ。「計画（Plan）→実行（Do）→検証（Check）→行動（Act）」のプロセスが無意識で行われるよう定着させられたら、もうけものだ。特に大事なのはCだ。計画して実行する、ここまでは誰でもできるのだが、検証や反省を行い、次の行動に活かさないケースが案外多いのだ。だから「検証すること」を確実に行いながら、PDCAを習慣化すれば、必ずいい循環が訪れる。どうしてこんなにうまくいくのか、と自分でも分からないくらいスムーズに運ぶ。そして、ああそうだ、「PDCAを習慣化したせいだ」と気づくだろう。

たまに「習慣だからできませんよ。今までずっとそうしてきたのだから」というヤツがいる。「バカモン！」だ。悪い習慣のせいにするな。思考も、仕事も、いい習慣を付ければ必ずうまくいく。習慣化せよ。いい仕事をするためのいい習慣を、徹底して身に付けよ。

馬鹿者 10

朝型になれ。夜型は何の得もない。

ビジネスパーソンとして時間の活用法は永遠の課題だろう。「どうやったらうまく時間を活用できますか」。この問いにまず、私は「朝型になれ」と答える。

人間には朝型と夜型がいる。朝と夜、どちらが活動しやすいかということだが、成功へのショートカットを目指すなら断然、朝型だ。「先んずれば、人を制する」の言葉に集約されている。サマータイムというものがあるが、実に理にかなっているものだ。夏とは言わず、一年中推奨したい。「朝型がいいのは分かっていますが起きられなくて」と返すなら「バカモン！」だ。「分かっていますが」は禁句である。成功するためには、時間を有効に使う必要がある。時間の量を増やし、濃くしたいと思うなら絶対に朝型なのだ。

将来上司の立場になった時に自分が寝坊していては、部下にしめしがつかない。今のうちから、未来の部下を迎える準備をしておけ。もちろん、駆け出しであれば、朝一番出社するだけで目立つのだ。目覚まし時計をかければすむ。一個で起きられなければ、二個、三個。その気があれば絶対に習慣付けはできる。

朝……特に日の出前はいい。電話もかかってこないし、中も外も雑音が少ない時間帯である。一日で最も集中できるこの時間帯は、じっくり思考できる。日中、電話の対応や営業でこまぎれになる時間をまとめて取れる意味は大きい。例えば朝四時に起きて「よし、これを五時までに片付けよう」と時間を決めて取りかかれば、さらに集中力が高まる。

また普段、流されて仕事をこなしがちになっているなら、この時間帯に段取りをやってしまえば、後がスムーズにいく。

健康にも良い。朝ご飯を食べることで脳が活性化する。

遅刻の心配もない。仮に、前夜寝るのが遅くて一時間程度寝過ごしたとしても、それでもまだ普通の人よりかは早いのだ。しかも、朝型人間の中には午前中に仕事を終えてしまうほど段取りのいいヤツがいる。そうだ。やることをやればさっさと遊びに行けるではないか。

ただひとつ、朝型のデメリットがある。それは、夜型の社長と飲みに行くと、疲れることだ。一日の活動時間が異常に長くなる。夜型人間が元気になる午後七時頃、朝型人間はもうあくびが出始める。ああ、全ての社長が朝型なら、と心底願う時である。

馬鹿者 11

上司のおごりに感謝しろ。将来は部下に返せ。

新入社員の頃私は、酒を飲むのにお金を使った記憶があまりない。しょっちゅう先輩におごってもらっていたからだ。ビジネスにおいて、エンターテイナーでありたいと思っている私は、当時からウケを狙うことばかり考えていたからだろう。「近藤は面白いから」と、実によく誘ってもらい、おごってもらった。あまり恐縮はしなかったが、お礼は必ず言っていた。最近は、おごってもらっても、お礼も言えない人が増えていると思う。

ここでも、本質を見極めるということが大事だ。おごってもらったからと、必要以上に恐縮し、申し訳ないと思ってしまう。そして「あの人はいい上司だ」と思い込むのは「バカモン！」だ。心に借りができた気になり、ビジネスの場で思うことをはっきり言えない。これではビジネスパーソンとして失格だ。

おごってくれる上司がいい上司だろうか。優しい、もの分かりのいい上司がいい上司だろうか。勘違いも甚だしい。その上司は、単に部下にいい人と思われたいだけかもしれないし、ぐちを言ってストレスを発散したいだけかもしれない。

もちろん、そうでない上司もいる。本当に部下をねぎらいたい。いつもがんばってくれている。給料も安いだろうから、たまにはおごってやろう。そんな親切からおごる上司もいるだろう。それはそれで、ありがたくおごってもらえばいい。そして、はっきりとお礼の言葉を言おう。心からの感謝を忘れてはいけない。しかし、やたらと恐縮する必要もないのだ。

大事なことは、おごられたくらいでいちいち「この人についていこう」とか、一律に相手を「いい人」だと思い込むな、ということだ。

「上司は部下におごって当たり前だ」。これは、社会に入る前に、心得ておくといい。そうすれば、おごられたくらいでヘイコラしなくて済むし、人を見る眼鏡が曇ることもない。

人生には、順番がある。上司が部下におごって当たり前。その姿は、将来の自分なのだ。いつかは、自分も誰かの上司になり、部下におごるだろう。先輩や上司からのおごりは、将来自分の後輩や部下に返せばいい。それが社会への還元というものだ。本当の出世払いとはそういうことだ。

だから、おごられても堂々としておけ。感謝はしても、恐縮はするな。返したければ、いい仕事をして、ちゃんとえらくなれ。未来の部下に返すヤツになれ。

馬鹿者 12

ガマンをしろ。三年は辞めるな。

昔の人はいいことを言った。「石の上にも三年」だ。たかだか三年のガマンもできず、よそで務まるわけがない。

私はよく「会社は社会の入り口だ」と会社説明会で言うのだが、それは、一つの会社を入り口にして転職を繰り返してスキルアップすればいいということではない。どこに入ってもまずはそこで三年、とにかくがんばってやってみろということである。

三年というのには、意味がある。ビジネスパーソンとしての基礎体力を付けるのに、「同じ会社で三年」というのが必要だ。これはスポーツで考えればよく分かる。基礎練習ができていない人間がいきなりサッカーでチームプレイはできない。ノックを受けたこともない人間が、ファインプレーはできない。三年という期間は、ビジネスパーソンとしての基礎練習を積む期間なのだ。少々の理不尽にも耐えて、がんばる根気が必要だ。

ここがダメだ、あそこが合わない、やっぱりあの会社にすればよかったと考えるのは「バカモン！」だ。人生とは選択の連続だ。大きな会社、小さな会社。いろいろある。しかし、所詮どこに入ろうが、大差はない。ただの入り口なのだ。その入り口の段階でつまずいていては、いつまでたってもその先にはいけない。

上司を選べる社員などいない。たかだか半年や一年で「この上司の下では働けない」などと見切ってはいけない。出会いには意味がある。その出会いは偶然ではない、と考えるのだ。見本にならない上司なら、反面教師として考える。「こんな上司にはならない」と思えばいい。人生における教訓と考えるのだ。

会社を好きか、嫌いかで判断してはいけない。環境のせいにしてはいけない。田坂広志氏は、「成長」という視点で「成功」とは何かを述べている。会社も、人も、成功するには日々の成長の地道な積み重ねなのだ。どんな会社でも、自分さえその気なら成長できる。成長できない会社だと思うなら、その時こそ辞めればいい。ただし、ここでいう「成長できない会社」とは、偽装や汚職、談合で腐っているような会社である。客観的に見て、そうしたひどい理由がないのなら、やはり三年はどんな会社であったとしても、じっくり腰を据えてやるべきだ。

馬鹿者 13

苦手な仕事から逃げるな。

よく会社に入って「自分がしたい仕事ではなかった」「道を誤った」「会社を間違えた」という「バカモン！」がいる。そして、そのまま三年以内に辞めてしまう「大バカモン！」がいる。ふざけるな。この先、一生自分にあった道だけが用意されているはずがない。学生時代は、親がレールを敷いてくれたこともあるだろう。それもここまでだ。ビジネスパーソンたるもの、レールの上しか歩けないのでは話にならない。

したい仕事でなければ、それを喜びとしろ。自分のイメージになかった仕事なら、自分でも発見できなかった才能が見つかる可能性も高いというものだ。苦手な仕事にあたったら、自分の苦手を克服するチャンスと思え。

もしそこで逃げるようなことがあれば、その先ビジネスパーソンとしての成長は見込めない。しつこいようだが、私だって二〇数年前、青天の霹靂で電算室へ配属されたのだ。現場監督がやりたかったのにと何度くさったことだろう。しかしいい先輩に恵まれて、奮起できた。これくらいやれなくてどうする、と自分にはっぱをかけて資格を取り、想定外の仕事にも対応した。その期間に基礎体力がつき、筋力トレーニングができたのだ。

苦手な仕事、面倒な仕事こそ、それを克服するチャンスが来たと思え。今まで使っていない筋力を鍛えてくれる好機ととらえろ。自分の将来に必ずつながる。

考えてもみるがいい。毎日同じ、自分が思っていた通りの仕事がきて楽しいだろうか。仮に楽しめたとして、そこに成長があるだろうか。

ビジネスパーソンならば、想定外を楽しめ。仕事とは想定外の連続だ。苦手な仕事にこそ燃えよ。何も孤立無援というわけじゃない。自分一人の手に余るなら、社内にも社外にも知恵と力を借りればいい。分からないことはどんどん聞き、人の知に頼れ。また、どうしても自分が解決すべき問題にぶつかったなら、それは乗り越えろ。一つ波を越えれば、次に同じ高さの波が来ても楽に越えられる。それが成長というものだ。

苦手から逃げていては、成長などできない。しかも逃げている限り、それは何度でも襲いかかってくる。どこで克服するかだ。何度も辛い思いをするより、どうせなら一回目で乗り越えたいではないか。

馬鹿者

14

疑え。耳障りのいい言葉を信じるな。

「なぜ」から始めよ。それが全てのビジネスに通じる。

子どもの頃に戻ってみるといい。誰もが、小学校に入るまではよちよちだ。大人をつかまえては、聞いていたはずだ。空が青いのはなぜ。どこに行っても自分の後を月がついてくるのはなぜ？…なぜ、なぜ、なぜ、と、大人を困らせたはずだ。

しかし、大人になると忘れてしまう。教科書で習ったことが事実だと思い、テレビや新聞の情報をうのみにする。尊敬している人の言う言葉だからと、やみくもに信じる。プロのビジネスパーソンたる者、これでは「バカモン！」だ。

ビジネスで必要なのは、子どものころ盛んに発した「なぜ」である。「なぜ」が考える力を付けてくれる。目の前の事象を疑い、本質を見極めようとする力だ。なぜだろう、今の時代は考えないヤツが実に多い。うわさ話を簡単に信じる。しかもそれが、耳障りのいい話であればなおさらだ。テレビのデータでも、「○○で何人の人がやせた」と聞けばすぐそれに飛びつく。やせたいから、簡単に信じる。データの裏付けを「なぜ」と疑うこともしない。

こういう人は催眠商法にもすぐひっかかる。そのテクニックたるや実にうまくできていて、だますほうが当然悪いに決まっているが、だまされる側に「なぜ」と疑う力があればと残念に思う。たいてい、最初はほめ言葉から入るのだ。「○歳ですか。センスもいいし、お若い。とてもそうは見えませんよ」とお世辞を言う。人は、心地よい褒め言葉をついつい信じてしまう。お世辞だと思いつつ、相手がいい人に見えてくるのだ。「なぜ、初対面の相手をほめるのか」疑ってみるといい。

私はいくら尊敬している相手の言葉でも、無条件に信じることはない。多少の好感をもって聞くが、必ず自分の思考に落とし込んでから判断する。

「なぜ」から始めよ。疑問がわけば、次は解決だ。手だてはあらゆるところに転がっている。先輩たちが積み上げてきた体験値、インターネットや書籍など、さまざまなメディアからの知識、データ、法則。そして、周りにいる先輩や同僚の頭の中。外部ブレインのスキルと情報。そして、一つ解決したら、それもまた自分自身にとって、「次のなぜ」への糧となる。

「なぜ」から始めよう。ヘソ曲がりくらいがちょうどいい。

馬鹿者

15 権利の主張より先に義務を果たせ。

会社にとって教育制度は大事である。人材が生命線だから、当然教育はする。しかし、教わる側が「教育を受ける権利」として要求するものだろうか？

「御社ではどのような教育制度を整えていらっしゃいますか？」という質問をしようものなら「バカモン！」だ。中途入社組でも、新卒でもたまにいる。そのたびに私は「なんで、会社がお金を払って教育をしないといけないのか。それより義務を全うせよ。甘えるな」と答える。

教育制度の充実は、会社の義務ではない。社員の権利でもない。経営者が戦略に則って、将来に向けて投資する。つまり、経営の意志が教育制度を利用するのだ。スズメの学校ではない。ピーチクパーチクさえずるだけなら、教えてもらう側は金を払うべきなのだ。

経営の本筋、事実を知らずして、思い込みで話をするからそういうことになる。自分のことだけを考えている、コップの中のメダカである。

例えば四〇歳近くになっても、自分にかかわる人件費のコストが給与だけだと思っている人がいる。

給与明細を見れば、社会保険料や、交通費は当たり前。福利厚生費、会社によっては退職金の積み立ては書いてある。それに加えて、一人前になるための教育コストがかかるのだ。新入社員を教育するために、研修制度や、あげく先輩や上司の時間まで割いてもらっているではないか。若手よりキャリアがある分、当然ながら先輩や上司の人件費は高い。そうした見えないコストまで考えてみるといい。

自分の給与の支給額だけを見て「報酬が多い少ない」「もっと、ください」。会社に一般管理費、販売費が存在することを知らないのか、あるいは見ないのか。事実の取り違えもここまでくればあきれ果てる。派遣社員ならそれでもいいだろう。だが、正社員ともなれば自分が受け取る時給発想では、経営が計れないことを知るべきだ。

これから社会に入ろうと思えば「報酬の三倍貢献しよう」と思え。それで経営は、トントンなのだ。年収の三倍貢献できなければ、単なる給与泥棒である。必死で努力せよ。

会社の教育制度などに頼らず、自分でも投資せよ。人と会い、本を読め。前向きな投資を心がけていれば、必ずそれは未来に活きる。仕事ができる、給与が上がるという狭い範疇のことではない。進んで自分を磨くのなら、将来社会からの還元を必ず受け取る時が来るのだ。

馬鹿者

16 クレームを隠すな。声なき声を察知せよ。

資料を隠す、クレームを隠す。隠蔽体質のある会社は間違いなく業績が低下し、やがて市場からいなくなる。たった一言のクレームを担当者だけで処理し、隠したばっかりに、後々大問題になり、ついには幹部の進退問題にまで発展する……こんな例は、日々メディアで目にする。

リコール隠しで社会に糾弾されるような会社も、一見上層部が悪いという烙印を押されがちだが、そうとは言い切れない。なぜなら、人は隠すものだからだ。なぜ隠すのか？　性悪説ではない、性弱説だ。弱いからなのだ。

「これを言ったら、給料を下げられるだろうか」「これを言ったら、昇進のチャンスを逃すだろうか」。クレームを受けた時点で、自分の保身にまず気がいってしまう。ビジネスパーソンなら分からないではない。しかし、これは大変危険なことだ。クレームがボトムアップで上司や社長に伝わって行かない組織はそのうち破綻する。

重要事項だけを日報にあげるのではなく、マイナス要素はどんな細かいことでも報告する日々の習慣を付けてこそ、重要事項もあがっていくのだ。

だから「バカモン！隠すな。どんな小さなクレームでもまず報告せよ」と社員には言う。

クレームを現場で応急処置したなら、その報告を忘れるな。応急処置だけでは済まないことが往々にしてある。さらに上司からアフターフォローをしたなら、「あの会社はなかなかフォローがいい」と、逆に挽回できるかもしれない。

クレームをこわがるな。むしろ、チャンスと捉えよう。改善の方法を知るチャンスであり、挽回したらさらに顧客との絆を深めるチャンスであるかもしれない。もしクレームを報告し、会社にペナルティをもらったら、次こそと挽回すればいい。


実は、クレームには顕在クレームと潜在クレームがある。顕在クレームとは、一般的に言われているクレームのことである。お客様が怒っている、などと言えば分かりやすい。中小企業もこのことには敏感になってきている。案外見落とされがちなのが、潜在クレームだ。クレームに発展するかもしれない予兆に気づく力こそ、本当に重要なことなのだ。

リスクに対する感度を磨き、顧客の「声なき声」を察知できる訓練をしろ。若い時こそ、リスク感度を磨く好期だ。

馬鹿者 17

準備と努力を怠るな。次の次の次に活きる。

準備不足も甚だしい。若い者に私はよくそう言う。新入社員と古参社員には差があって当然だ。若い社員には若さゆえのバイタリティがあるだろう。古参社員にはキャリアゆえの力量と体験値があるだろう。どちらも大事な戦力だ。

しかし、若いからと言って甘えは許されない。当然だ。得意先から見れば、新入社員も古参社員も、同じ看板を背負った社員だ。その差を新入社員が埋めるとしたら、何があるだろうか？

答えは「準備と努力」だ。これを怠っている社員はすぐに分かる。付け焼き刃で安直な仕事をしても、いい結果は得られない。しかも、必ずといってもいいほど、そこにごまかしや手抜きが含まれている。だから準備と努力をしないヤツには「バカモン！」と言う。

子どもの頃から先生に口を酸っぱくして言われたはずだ。予習復習をしなさい、と。社会人だって変わりはない。とにかく予習だ。徹底的に予習だ。調べるための手段はいくらでもある。そして努力、また努力だ。

何もできない若手ほど「こんなことをやって何になる?」「この時間を他の仕事に当てたほうが効率がよくなる」とこぼすのだ。予習復習をすれば時間がなくなる。オフタイムは遊びたいし、早く家に帰りたいだろう。だから、やりたくない理由を見つけては、準備と努力を怠るのだ。

「こんなことをやって何になる?」…次に活きる。絶対に活きる。二年後、三年後に活きる。私はビジネスパーソンとして二〇年以上仕事を続ける中で、「これは」と思えるような優秀な方をたくさん見てきた。皆、マメで、周到で、準備に手抜かりがない。

準備と努力をしろ。未来に活きない準備も努力もない。年を重ねてこれだけは断言できる。自分を振り返れば、あの時の努力が後のあの仕事で実ったと思うことが実に多い。それは、努力をしてすぐに成果が出るのではなく、未来のいろんな場面で確実に活かされていくのだ。

約束する。その準備も努力も、次の次の次に活きる。そして次の次の次は一ヶ月後かもしれないし、一〇年後かもしれない。だが、必ず活きる。準備も努力も、それを実践した人間を裏切ったりはしないのだ。

馬鹿者

18 約束を守れ。携帯電話はないと思え。

約束を守らない——これは、私がもっとも「バカモン！」と言いたくなる瞬間だ。ビジネスとは約束の継続だ。出社の時間を守る。打ち合わせの時間を守る。納期を守る。品質を守る。価格を取り決める。支払いをする。借金を返す。どれもこれも、約束だ。

にもかかわらず、約束を守らない人間はいる。私は中小企業を支援する会社を経営し、支援のツールとしてITは欠かせない場所にいる。しかしITツールの一つと言える携帯電話の登場が、約束を守らない人間を増やしていると思う。

「少し遅れます」たった一言、メールで事前のわびを入れればいいという考えが蔓延すると危険なのだ。もちろん、事前のメールもなしに遅れるのは言語道断だが、予告したからといって遅れても平然とされるのは困る。一人ならまだしも、社員全部がそうした体質ならどうだろうか？

企業として信用されなくなってしまうのである。携帯電話に頼るな。約束を軽んじるようなことはするな。公衆電話を探していた時代を思い出せ。

たとえば三時に打ち合わせの約束をしたら、それは三時に到着することではなく、三時から打ち合わせがスタートできるということだ。ならば、少なくとも五分や一〇分前には確実に席に着いておく必要がある。自分が訪問する側ならば、ミーティングルームに案内され、資料を出し、目を通しながら相手の担当者を待つくらいにしたいものだ。

これは、社会人になる前の大学でもっと徹底してほしい。

私はよく大学の講義に呼んでいただくが、真っ先に不満に思うのは時間にルーズなことである。学生時代、授業にほとんど出席しなかった私が言うのも何だが、当時の大学と、今の大学では状況が全く違う。少子化で人が集まらない中、一人でも多くの学生を集め、いい人材を育てるために、大学は個性を主張し、それぞれの大学改革を唱えているではないか。

ところが、定刻に講義を開始できたことなど数えるほどしかない。社会に出て即通用する実学を教えるというならば、まず定刻に開始できるよう、学生も教授も準備をしておいて当然だ。特に大学側はこのことに早く気づくべきだ。時間にルーズで、大学改革などできはしない。

学生もしかりだ。大学を卒業して社会へ……その時、大学生活でのルーズさをビジネスの場に持ち込んではいけない。ビジネスパーソンは約束を守ることを第一と心得よう。

馬鹿者 19

大企業の人は威張る。当たり前だ。

大企業の中小つぶし。私はこれをいやというほど見てきている。そして大企業の人は威張る。こう言うと語弊があるが、大企業の人に限らず本当に偉い人は威張らないので、正しくは「大企業の威を借る人は威張る」と言うべきか。

だから、就職活動で大企業を希望しながら入れずに中小企業に入った若手は、この時点で人生の挫折を感じてしまう。得意先に大企業があり、相手の担当者と接するたびに「こんなはずではない。本来なら自分が向こう側にいるはずだった」と思えてしまうのだ。

「バカモン！」何と小さい考え方だろう。中小企業という会社が小さいのではない。大企業の威を借りて威張る相手に接し、そちら側になりたかったという考えが小さい。そんなことでは一〇〇年仕事しても優秀なビジネスパーソンにはなれない。

大企業の人は威張る。当たり前だと心得よう。むずかしい試験を受けて、高い倍率をパスしてその場所にいるのだ。ちょっとくらい威張らせてやれ。大企業の社員であるということが相手の存在理由なのかもしれない。社内でのストレスを発散する場が、他にないのかもしれない。とにかくいろんな理由で大企業の人は威張るものだ。その状況を当たり前だと受け入れた時点で、相手と対等になれる。

さあ、ここからが面白い。仕事とはいかにサプライズを与え、エンターテイナーになりきれるかである。「こいつは一生付き合いたい」と思われるくらい、自分を磨き、仕事力を磨くのだ。威張っている相手をどうやったら、感心させられるか。それには心を尽くすしかないし、準備と努力をひたすら続けることなのだ。

そうすれば、いい仕事がきっとできる。相手が威張っているか、そうでないか。そんなことを気にしていたのもバカバカしくなる。

繰り返すが、大企業の人は威張る。そんなものだ、くらいに心得て、いい仕事をすればいいだけだ。威張る相手ならなおさら、驚かせがいがあるというものだ。こちらがいい仕事をすれば、威張っている相手はその上司にほめられる。そして段々とこちらを頼りにするようになる。そこからが、本当の仕事だ。会社の大小に関係なく、プロとプロとして、渡り合え。

馬鹿者 20

謙虚であれ。本当の偉人は威張らない。

前項で「大企業の人は威張る」と書いたが、本物の経営者やプロフェッショナルは威張らない。謙虚である。まさに、「実るほど頭を垂れる稲穂かな」なのだ。仕事でさまざまな経営者の方とお会いするが、偉い方ほど腰が低いし、組織がフラットである。

経営者である前に、プロのビジネスパーソンであるからだ。プロのビジネスパーソンとは、自分の仕事ぶりもそうだが、やはりプロと組む。一流の人間と組んで仕事をすることが多いから、相手に対して尊敬の念を常に払う。リスペクトを持つということだ。

本当に偉い人は権威やお金というハードパワーではなく、品格や人間性というソフトパワーで相手を動かしていく。「あの人のために働きたい」とまで言わせる人間性を持っている。だから社員や部下にも威張り散らしたりしない。

聞く耳も持っている。甘言しか言わない部下やブレーンを集めて満足しているトップでは、その会社の上限も決まってしまう。そこそこの会社で終わるのだ。

しかし、部下やブレーンの諫言にも耳を貸すトップであれば、会社の成長に上限はない。人の力で伸びて行く。この人を支えよう、この人と一緒にがんばろう、そう思わせるソフトパワーがビジネスを加速させる。

会社法が制定されてからというもの。起業熱が相当高い。誰もが社員を通り越して経営者になりたがる。しかし、「バカモン！　人に使われた体験がない人間に、人を使えるか」と私は言いたい。中小企業の経営者が、よく自分の子どもを仕入れ先や得意先の会社へ何年か修行に出すことがある。いわゆる昔ながらの丁稚奉公だ。これは、値打ちがある。私がお会いする経営者は皆さん、苦労を知っておられる。自分も社員として上司やトップを支えたことがあった、その下積み時代があるからこそ、今も決して威張らず、常に周りのことを考える。そして周りもついていく。好循環である。

謙虚さは動作にも現れる。お辞儀が素晴らしい。後ろ手に腕を組まない。足を組まない。背中はそっくり返らず、きれいに伸ばす。動作のひとつひとつに、品格が宿るのが偉人である。出過ぎる杭は打たれない、というが、それはあくまで成長や努力に関することであって、出過ぎる態度はいかがなものか。大きな声を出したとしても、態度は謙虚でなくてはならない。

馬鹿者

21 キャリア形成は偶然の産物だ。

「どうしてそんなにちゃらんぽらんで、楽しそうなんだ？」と昔の友人に聞かれることがある。私も聞き返す。「お前は楽しくないのか」と。

人生は楽しい。それは、偶然性があるからだ。私たちは、成功している人を見ると、さぞかし目標設定をきちんとして、常に努力をしてきた人だろうと考えがちである。しかし、米国での面白いデータがある。スタンフォード大学のジョン・クランボルツ教授が数百人にのぼるビジネスパーソンのキャリアを分析した結果、「キャリアの八割は予期しない偶然の出来事によって形成される」という結論が出たそうである。

このデータを見て、自分のこれまでが間違っていなかったと確信した。私はよく会社説明会などで「偶然のキャリア形成」ということを話す。すると、聞いていた学生たちのアンケートで一様に「目的や将来の自分のイメージが明確でなく悩んでいましたが、目の前のことを一つ一つクリアしていけばいいのですね。すっきりしました」という感想が寄せられる。

いかに「いきあたりばったりではいけない」という思い込みに縛られているかが分かるのだ。

私自身、二〇年後に今のような仕事をしているとは、二〇代の頃には想像さえしなかった。現場監督になりたかったのに、配属部署は電算室。しかし、そこで偶然出会った同僚や友人との交流が今の私に色濃く作用しているのも事実である。

またある時、財部誠一氏の「人生はでたらめと、いい加減と、偶然の結果だ」という言葉を目にし、我が意を得たりとうなずけた。

大事なことは、もしこの先自分で「こうだ」と決めることがあったら、それをやり遂げること。それが今ないにしても、目の前に偶然置かれたときには、こだわって取り組むことだ。一つ一つ、精魂込めてやり遂げることだ。「バカモン!」と言われようが、槍が降ろうが、真剣勝負で仕事をしろ。

人や仕事との出会いは、しばしば偶然の繰り返しだ。その繰り返しの中で、とことんこだわり、自分流を磨いていくことで、だんだんと方向性が決まっていくのである。

今の私に「二〇年後はどうしたいですか」と聞かれても、そんなものは分からない。時代が激しく変化しているのに、二〇年後の自分を思い悩む時間が私にはないからだ。ただ、これだけは言える。「楽しそうに現役で仕事をしていたい」と。人生のほとんどは、偶然の産物だ。

馬鹿者

22 情報は自分の五感でつかまえろ。

情報の海におぼれそうになる現代。だからといって、情報に背を向けて生きていくことはできない。身の回りのあらゆるものが情報である。インターネット、テレビ、ラジオ、ビデオ、雑誌、新聞、書籍など一般的に「メディア」とされるもの。そして、商品、陳列棚、お店、街並み、人々。あらゆる「モノ、コト」が、全て情報である。

できるヤツになりたければ、情報センスのブラッシュアップは絶対必要だ。今何がブームなのか、何が時代を動かしているのかという末端的な情報を網羅しているという意味ではない。感度がいいのだ。必死に情報を追っているようでもないのに、肝心かなめのことでふと話題をふるとおおむねピントが合うし、面白い。仕事でもずれがない。

「○○に書いてありました」と活字を妄信するのは「バカモン！」だ。私は、新聞や雑誌の取材を受けることがあるが、取材の後に実際の原稿を見て、自分の意図したポイントと内容がずれていることも少なくない。世の中の全ての情報は、誰かの手によって「編集」されているのだ。編集する人の解釈で内容は変わる。事実でさえ、そうだ。それを知った上で、新聞やテレビ、雑誌に目を通せ。当然、読み方が違ってくる。

まやかしにふられるな（うわさではない）。メディアの読み方を身に付けろ。事実を疑い、何が本当に正しいのか、自分の頭で考える力をつけなくてはならない。

近頃は、日刊ゲンダイが面白い。他のメディアと違う論調で、定型の見方ではない。同じ話題でも、「まさか」と思えるような展開があるし、「やられた」と思えるような全く違う角度からの考察があるのだ。また、オン・オフいずれも情報満載で、脳みそがうれしい悲鳴をあげる。小さな紙面が、社会の縮図そのものなのだ。読めば自然と、考察力が高まるだろう。

なぜそうなるのか、そうなったのか、検証や考察を深めることで自分なりの情報として落とし込む。人の意見も聞く。人もまたメディアであるからだ。さらには、現場にも行く。足で行く。実際にその場所で自分の目で確かめることが大事だ。アジアの経済発展のすさまじさも、実際に現地に行くことで、その変貌ぶりを肌で感じることができる。だからこそ、自分の手で、足で、目で……五感を使って確かめることが大事である。

馬鹿者

23 きっかけ情報を見逃すな。

情報社会である。いい情報、悪い情報。まさに玉石混淆の世の中だ。この中から自分にとって必要な情報を選び取るのはさも大変なように感じられる。

しかし、なぜだろう。優秀なビジネスパーソンはいとも簡単に必須情報をピックアップし、するりするりと情報社会を軽快に駆け抜けていくように見える。

これには秘密がある。そういう人はいいネットワークを持っている。人こそが情報なのだ。いい情報のありかや、きっかけを教えてくれる人をちゃんと持っているのだ。社会に入り、仕事を続けていけば分かる。苦手な仕事や嫌な仕事から逃げず、目の前の仕事をていねいに、しかも楽しむ。問題解決を行いながら、「あいつは楽しそうに仕事をしているな」と思われたら、必ずいいネットワークはできていくものなのだ。

もうひとつ。いい情報を持っている人は、「情報が自然と集まってくる」と言う。お金が寂しがりでお金のあるところに集まるとは良く言われるが、情報も同じだ。いい情報を持っている人のところに、いい情報が集まる。しかし、何も情報が「あの人のところに行こう」と勝手に考えるわけはないはずで、これにはその情報を渡す人がいる。そして「あの人はいつもいい情報を発信してくれるな」と思うから、自分の情報を渡してくれるのだ。

情報のやり取りは、常に「テイク&ギブ」だ。「ギブ&テイク」でも「ギブ&ギブ」でもない。まず、「これはいいな」と思える情報を自分でテイクしたとする。そしたらそれを誰かにギブするのだ。こいつに教えておけば役に立つ、と思う相手ならなお望ましいだろう。感性が似た相手なら「お、いいこと教えてくれたな」と、覚えておいてくれる。そして、次に自分がどこかでテイクした情報を今後はギブしてくれるのだ。

まず自分が情報を差し出す発信源になることだ。そうすれば自然と情報は集まってくる。集まった情報は瞬時に捉えて、さばく。うかうかして眠らせていたら、腐ってしまう。きっかけ情報とはそういうものだ。ふとセンサーが捉えた情報が、ビジネスに化けることがある。人と人がやりとりするとはそういうものなのだ。

きっかけ情報に気がつかないのは「バカモン!」だ。そんなヤツは、チャンスをみすみす見逃しているようなものだ。

馬鹿者

24

記憶に頼るな、記録に頼れ。

情報共有化だ、ITだと会社でグループウェアを導入したはいいが、宝の持ち腐れになることがある。そういう会社は往々にして、社員に書く習慣が根付いていないことが多い。

若い頃は、記憶力にも自信があるし、ついついメモを取らずに済ますことがあるかもしれない。しかし、ことビジネスの場において、「言った、言わない」は命取りである。社員にも、メモの習慣を付けよとは、毎日口を酸っぱくして言い続けている。

メモなくして知的財産など生まれようがない。個人でも会社でもそうである。

メモの習慣は書く力を鍛える。ビジネスで必要な「ほうれんそう（報告・連絡・相談）」の基本である。できる人のほとんどは、メモの達人だ。間違いない。

「何かひらめいてもメモなどしません。忘れたとしたら、その程度の重要性しかなかったということです」という人をまれに見かける。「バカモン！」だ。

ひらめきは、一瞬の輝きだ。脳の働きには未知の部分のほうがまだまだ多いが、何かを読んで、見て、話してひらめいたことは、その人自身の体験値と歴史であり、脳に映し出されたことだ。同じ情報を見て、何も感じない人もいるのだ。だから、その瞬間にメモにとどめておくことが非常に重要だ。

会社のデスク、かばんの中、トイレ、洗面所、寝室。生活するあらゆる場所にメモ帳を置く方法もあるし、一つのメモ帳を肌身離さず携行する方法もある。携帯電話のメモ機能もある。自分にあった方法で、メモをする習慣を身に付けよう。

そしてメモをしたら、それを一元化しよう。付箋であれば、ファイリングも楽かもしれない。一元化し、やがて不要になれば捨て、重要であれば深化させる。情報の種類と重さを判断し、ドキュメントする。

東大に遊んで合格できるほどの記憶力があるなら別だが、そうでないならメモをとれ。記憶に頼るな、記録に頼れ。長い目で見ると、仕事は受験勉強の千倍以上は努力と勉強が必要なのだから。しかも記憶力テスト以外の……。

メモの習慣は、書く力を鍛え、ひらめき力を鍛え、そしてドキュメント力を鍛えてくれる。知的財産の最小単位が、メモである。

馬鹿者

25

習うより慣れろ。漫才師に学べ。

私の会社では若い社員でもセミナーの司会をしたり、講師をしたりする機会が多い。そして「皆さんお若いのに、素晴らしいですね」とほめていただく。私は、「いえ、慣れですよ」と答える。実際そうなのだ。

人前で話すのに慣れているだけなのだ。もちろん、そこに行くまでは訓練がいる。弊社は、社員研修を通じて、徹底して話す訓練を行なっている。

ビジネスパーソンに必要なスキルの一つが、プレゼン能力だ。プレゼンの内容も大事だが、堂々と話せるかどうかが成否を決める。よく、プレゼンテーションのノウハウを知りたいという声を聞くが、「習うより慣れろ」それだけだ。能力を磨くうんぬんは、その次のステージなのだ。

人前で話すのが苦手だ、あがってしまうという人は、人の目が気になって仕方がないのだ。自分がもともと引っ込み思案だった私にはよく分かる。自分がどう見られているか、こんなことを言って笑われないだろうか。それが気になるのだ。そして欠点だと思っているのだ。

しかし、ある時考えた。人目が気になるとは、センサーが高いということだ、と。漫才師の話が面白いのはなぜだろう。中身もそうだが「見られる怖さ」を知っているからであり、その緊張感があの間合いを生み出し、独特のテンポを作っている。場数を踏むごとに、彼らは流暢になり、ノッていく。漫才師が真のエンターテイナーたる所以だ。ただ楽しそうに話をしているのとは、わけが違う。ビジネスパーソンも漫才師に学ぶべきなのだ。

私もそう思ってとにかく話した。自分は話すプロではない。だからたくさん恥をかいて、失敗しようと開き直った。すると、自分を客観的に見ることが少しずつできるようになった。

最初は一〇割か九割あがっていたとしよう。それが次は、八割になる。八割あがっている自分と、それを見つめる二割の自分がいる。次は、七割と三割、と落ち着いて話せるようになると、そうして自分を客観視できる割合が増えていくのだ。

プロ野球の三割バッターも、野球を始める前は一割も打てない素人だった。誰にでも初めてはある。「初めてだから」「経験がないから」と尻込みするのは「バカモン！」だ。

とにかく慣れよ。徹底して慣れよ。そして漫才師に学び、エンターテイナーになれ。

馬鹿者

26 演じろ。プロなら言い訳はするな。

演じる力は重要だ。仕事をしていて、ふと相手の方に「これは演技だな」と感じることがある。セミナーでもそうだし、商談でもそうだ。講師という役割、経営者という役割を演じている。会社とは、ロールプレイングである。適材適所、サッカーと同じで、ディフェンスもいれば、フォワードも、キーパーもいる。会社の中でその役割が決まっているし、またプロジェクトごとに決まることもある。プロとしての役割だ。

人材育成のスピードは速まっている。若い、急成長する会社であれば、つい先日まで研修を受けていた人材が、一、二年でチーフや主任になるのはザラだ。そうなって、あたふたしないように、まずは日頃から演じる力を身に付けておきたい。

ポジションを与えられ、言い訳をするヤツがいる。「いえ、私はそんなにマメじゃないから」「人前でしゃべるのは苦手だから」「この性格は変えようがないから」……「バカモン！」学生のサークル活動でならそれも許されるだろう。しかしプロのビジネスパーソンは言い訳はできない。

なら演じればいいのだ。マメになる必要も、しゃべるのが得意になる必要も、性格を変える必要もない。デキるビジネスパーソンを演じればいい。たいていは、共通項というものがある。服装がきちんとしていて、印象がいい。にこやかに、穏やかに、相手の目を見て笑顔で話すことができる。明快に自分の意見を言うことができる。これらを演じるのだ。

与えられた役割を見事に演じきることができるか。客観的に自分をその場に置くことを楽しむ。そうするうちに、知らずとスキルが磨かれるだろう。

プロゴルファーの中島常幸氏は、自分が打つことで傷めた芝を、その都度直すそうである。そういうことは普通はキャディさんに任せるものだが、中島氏はプレイの途中で芝を直す自分の映像がメディアに流れる影響力まで考えているのだろう。

ゴルフはマナーのスポーツだ。自分が芝を直すことで、ゴルフはマナーがいかに大切かを伝えることにもなる。そこまで分かって、中島氏はプロゴルファーを演じている。自分中心の演技ではなく、周囲への影響を考えて演じられるようになれば、見事である。それがプロというものだ。

馬鹿者

27

ギリギリでもやるのがプロだ。

夏休みの宿題をぎりぎりでやった経験はないだろうか。休みはまだ始まったばかりだ、まだ後半分だ、まだ一週間もある……とどんどん先延ばしするうちにいつの間にかギリギリになる。あげくの果てに家族総動員で仕上げた、ということはないだろうか。

仕事でも全く同じことをやっているヤツがいる。「バカモン！」だ。大人なのでもう体力的にきつい。凡ミスが増える。修正する時間がない。飛び込みの仕事に対応できない。先延ばしは、デメリットばかりだ。納期が決まっているなら、前倒しするくらいの気持ちでやるべきだ。前倒しできると、何より焦りやストレスから解放される。凡ミスが減る。チェックができるので修正が効く。飛び込み仕事など余裕の仕事ができる。いい事ずくめである。

前倒しは簡単だ。「もう時間はない」と考える。納期は納期として記録したとしても、それより早い納期をカレンダーなどに書き込んでしまう。そこから逆算して一日の仕事量を決める。自分で自分を追いつめた状態をイメージして取りかかる。

仕事にはタイプがある。ある程度慣れていて、深く考え込まなくても自分一人でできる仕事。じっくり思慮を重ねて積み上げていく仕事。簡単だが量はある力仕事。誰かしら相手がいたり、組んでやったりする仕事。この場合、なるべく相手が待っている仕事から先にやるのが常道だ。

しかし、そうはいっても、仕事には自分の力が及ばないところで計画がずれることはおおいにあるだろう。アウトソーシング先の都合、顧客の都合、交通事情……人が介在するのが仕事だから、完璧に前倒しできることばかりではない。

かといって「こんなにギリギリではちゃんとしたものはできません」となれば、プロではない。間に合わせのものしか提出できない言い訳だ。

本物のプロはスケジュールがギリギリでもやり遂げる力を持っている。火事場の馬鹿力ではないが、土壇場だからとんでもない力を発揮したり、思ってもいないアイデアが湧いたりするものだ。鬼気迫るとでもいう風に次々とこなしていく。それは、体験値や、人とのつながりや、これまでの訓練がものを言う。一気呵成に仕事を仕上げていく集中力だ。

これを身に付けるためにも、先延ばしするな。普段の仕事を、切羽詰まったイメージで、スケジューリングする。ぼーっとするな。何が何でも、集中して取り組むことだ。

馬鹿者

28 ITの妄想を捨てろ。

「我が社もITを導入して情報共有化をしっかりやっていきますよ」「ホームページに英語版を作って世界に発信しますよ。グローバルな時代ですからね」と張り切っている企業に、未だにお目にかかることがある。その度に、私は言うのだ。「まずITに対する幻想を捨ててください」と。

ITは単なるツールである。過小評価をしてはいけないが、過大評価をしてもいけない。万が一にもうちの社員が「ITで世界に発信」とでも言おうなら「バカモン！」だ。(幸いそういうヤツはいないが)。

世界に発信するために必要なのは、世界的な視野であるし、現実的に発信していくための情報力や、その方面に詳しい企業との連携も必要になるだろう。

また、ＩＴで情報共有化を図りたいと思うなら、それ以前にアナログの力を鍛えておくことが必須である。朝社員が揃っても「おはよう」の一言がない。顧客が訪ねて来ても「いらっしゃいませ」の笑顔がない。食事中は会話もない。そんな状況でＩＴで情報共有化を図ったところで、うまくいくはずがない。ＩＴを活用する以前の問題だ。もっとコミュニケーションスキルを磨き、情報の伝達がスムーズに行なわれる土壌を築いておかなければならない。

ＩＴを使いこなしたければ、まずアナログでできるヤツになれ。情報共有をしっかり行う訓練をせよ。打ち合わせやいろんな場面でメモをするクセを付けよ。

部下は上司に日報をあげ、上司はその日報に返事を返す。これを最初は、紙でやってもいいのだ。三日坊主に終わらず、習慣にせよ。紙の状態でできるようになれば、ＩＴで情報共有化を行ってもうまくいく。

ＩＴには、光もあれば影もある。効率的で便利だが、弊害もある。隣のデスクの社員とメールで会話をしながら、一日中リアルな言葉を交わさないなど、ばかげたＩＴかぶれにはなるな。弊社では情報共有のツールとしてメールを利用しているが、メールを送ったらそれで終わりではもちろんない。必要に応じて口頭で報告するのが当然だ。

ＩＴはあくまでもツール。それを使って何が出来るか、どんな新しい価値を生み出せるかを考えるのが、人間の仕事なのだ。

29 メールに頼るな。謝罪には足を使え。

電車の中でもずっとメールしている若者がいる。真向かいに座っている友だちとの会話もそこそこに、ひたすらケータイをいじっている。おいおい、それでいいのか？　確かに、メールは便利だ。相手の時間をじゃましないし、電話のような話中がない。記録に残るので「言った、言わない」を防ぐことができる。画像も鮮明に送ることができる……など、たくさんのメリットがある。

しかし、メール信仰は危険だ。光があれば陰もある。例えばメールというものは時に「直接言いたくない」ことを伝えるがために使われる。

クレームはどうだ。人には「嫌なことを直接言いたくない」という気持ちがあるから、先方からはメールで来ることがほとんどだ。しかし、メールで受けたクレームに、全てメールで返すのは「大バカモン！」だ。場合によっては、クライアントの扉が二度と開かれないことさえあり得る。

仕事ができるヤツは「むずかしい手段」をとる。メールよりむずかしいのが電話、電話よりむずかしいのが直接出向く方法だ。

メールは合理的だが、儀礼的だ。言葉のイントネーションがついてこない。文字だけだから冷たい印象を受ける。肉筆ではないから、気持ちの温度が伝わりにくい。特に、普段のプライベートなやりとりで顔文字をよく使っていると、書く力はどんどん低下する。喜怒哀楽を記号で済ませ、瞬時に伝える。それで相手に自分の気持ちが伝わったと思うから、始末が悪い。

友達同士なら　m(_ _)m　で済んだとしても、仕事ではそうはいかない。いざビジネスシーンで顔文字を使わないで詫びようとしても、相手に伝わるはずがない。

ならば、もう、絶対に足だ。苦情を言う相手の顔を直に見るのは勇気がいるものだが、相手もまた同じである。最初はぎこちないかもしれない。しかし一生懸命詫びている相手に、きつく言うのはむずかしいものだ。顔と顔を突き合わせ、クレームに至る背景を誠実に、自分の言葉で説明する。そうすることにより、「電話でも済むのに、わざわざ」とさえ思ってもらえるかもしれない。クレーム転じて福となる。メールではこうはいかない。

クレームを受けたらまず、電話。クレームのレベルによっては即刻参上、と心得よ。

馬鹿者 30

ゲームに頼るな。人と会って刺激を受けろ。

バイオレンスゲームは、人格を破壊する。これは社会問題化しているが、最近もてはやされている脳開発ゲームはどうだろうか。ゲームで脳が活性化したというヤツで、「仕事もできるようになりました」「ビジネスパーソンとして成功できそうです」という人間がいたら会ってみたいものだ。

脳というものは、もっと神秘的で奥が深い。たかがゲームくらいで脳活性ができるはずがない。医学的に脳トレゲームによる脳活性化のデータが立証されたとしよう。それでも、たかが知れている。そもそもは、子ども向けゲームで社会問題化していた気まずさを、大人の脳に役立つという触れ込みで払拭したいがためではないのか？　ゲームの功罪の「功」の比重を増やし、大人にも買わせたい戦略にまんまとはまっているだけだ。記憶力低下に悩む中高年のお遊び程度ならいいのだが、若者が必死になって本気で脳の活性化をとでも思うなら、「バカモン！」だ。

脳トレゲームをするヒマがあるのなら、本を読め。人と会え。話をしろ。バーチャルな世界で脳を鍛えるよりか、リアルの世界でアナログな刺激を受けるほうがよほど役に立つ。喫茶店や電車の中でも若者が仲間と同席して、お互いにメールばかりしている風景を見かける。あれは、奇妙な光景だ。だから日本は悪くなったと言いたい。メールする時間があれば、仲間と会話をしろ。目を見て、冗談の一つも言え。メールの相手には、後で直接電話で話せ。

脳トレゲームにうつつを抜かすのは、自分のセンサーの低さを露呈しているようなものだ。常に脳を活性化させているヤツは、とにかく日常生活そのものが脳トレだ。いつも何か考えているし、行動し、見直し、実践している。人と会えば「この出会いから何かを得よう」とどん欲だ。目がキラキラしている。声には弾みがあるし、話していても楽しい。

そういうセンサーの高い人とは、話していてこちら側も脳が喜んでいるのが自分で分かる。社会のこと、環境のこと、仕事のこと。話しているとどんどん話題が広がるが、受け売りではないのだ。お互いに、自分のセンサーで得たことを話すから、どこまでも脳が刺激を受ける。面と向って人と話すことはそれほど大事なことなのだ。脳トレゲームをする時間があれば、人と会え。足を使って、街に出ろ。

31 紙の力を信じろ。手の力を信じろ。

中小企業支援をして、その一つにＩＴを使っていると、その社員もデジタルな情報ツールばかりで仕事しているのかと思われることがある。

逆である。ＩＴをツールとすればするほど、アナログの力が大事になってくる。例えば弊社では、経営情報誌「セイリング・マスター」や広報誌「ブレインナビ」を出しているが、この反応が良い。

なぜか。紙だからである。編集し、印刷し、できあがればメール便で宅配業者が届ける。アナログだ。ＩＴは現代と切っても切れないツールになってはいるが、かといって紙媒体の力が失われているとは早計だ。私など、日々の情報は、やはり新聞がメインだ。手でめくり、目で活字を追う。アナログな読み方のほうが、頭にすんなりと入る。

パソコンのデータは、全て文字をスクロールで読む。人差し指一つで、視線は上から下だ。しかし、新聞は一面からテレビ面まで両手で繰る。ガサガサと音を立て、上から下、右から左に視線を動かす。情報を俯瞰する感覚だ。

今、パソコンに限らず、あらゆる電子機器類は、すっかりワンタッチになってしまった。ガスのコックは昔は押して回すタイプだったが、今は押すだけだ。ＩＨヒーターに至ってはタッチボタンである。

電話もかつては、ダイヤル式だった。ジ〜コロ、ジ〜コロ、と回す。回す角度の違いで音が変わったし、きちんと最後まで回さなければ、間違い電話になったものだ。そんな哀愁を帯びた機器を使い、やっとの思いで遠方の出張先から会社につながる……しまった、一〇円玉が切れた。なんてこともあった。しかし、今は携帯電話で親指タッチ。

こうして至る所で、使っていた「手」が、おそらくは退化している。かつては、身体の末端である手先を器用に動かすことで、脳に指令が行っていたに違いないのに。

しかし、最近のビジネスパーソンは、何でもすぐにネット検索に頼り、情報を縦横斜めに読むことを知らない。「バカモン！」だ。

私は常々若手に言う。「ネットサーフィンもいいが、新聞を読め、雑誌を読め、本を読め」と。自分のお金で買って読むアナログな媒体を、自分の手でめくり、自分の目で読む。これが大事だ。その瞬間から、情報との付き合い方が、受け身ではなく、攻めになる。能動的に思考できるようになるのである。

馬鹿者

32

会社は社会の入り口だ。

就職氷河期を過ぎ、昨今ではまた大企業志向が高まっている。あれほど「大企業でも中小企業でも変わらない。結局は、「個の力」を磨くことが大事なのだ」ということを一応は知り終えたはずなのに、根本に「少しでも楽をして、安定した会社を」という気持ちがあるのだろう。大企業もここにきて、新卒採用数を大幅に伸ばし、人材争奪戦さながらの様相を呈しはじめた。

私はよく会社説明会で「会社は社会の入り口だ」と言っている。どの会社に入るか、どの職種を選ぶか、は関係ない。他項でも述べたが、人生とは偶然性の産物である。目の前のことに妥協せず取り組めば、どんな仕事でも自分らしい何かをつかみ取ることができる。私自身、毛嫌いしていたコンピュータに関わる仕事に回され、今のようにめぐりめぐって、中小企業支援会社を経営していることになろうとは、当時は思いも寄らなかった。

それもこれも、その時々で出会った先輩や同僚に触発され、仕事を続けることができたからだ。逆に、現場監督の仕事に配属されたからといって、それで生計を立てられたかどうか。やりたいことと、それで食べて行けるかどうかは、別問題なのだ。

会社や職種を選ぶのに深い意味はない。大企業か中小企業かも関係ない。ただ、これだけは言っておこう。大企業も中小企業もベンチャー企業も、ビジネスの基礎訓練は一緒である。例えば、社会人としての挨拶、電話のうけこたえ、請求書や領収書の書き方……といった基本的な部分だ。

ただ中小企業の場合は、使う筋力が違う。大企業の場合は会計には経理を、顧客対応は窓口に任せて、自分は自分の部署でスキルを上げればいいが、中小企業の場合は一人で多くのことをやらなければいけない。例えば、商品開発をした人間が、市場調査も、営業も、はてはお金のことまでも考えなければやっていけない……ということが往々にしてある。

自立できる力を身に付けたいなら、中小企業だ。中小企業で本気で取り組むなら、相当にビジネス筋力を鍛えることができるだろう。マルチに仕事をすることが求められる会社なら、もし倒産してでも独立してでもやっていけるほどの体力を身に付けられるはずである。

33 面接で小細工するな。地をさらけ出せ。

たいていの人間は企業に入るために面接を受ける。自分がその企業への入社をいかに熱望しているか、そこでの仕事が自分にとって大切な、目指すものであるかを切々と説くのが普通だ。はっきり言って、演技なのだ。

自分を良く見せようとするからついつい普段とは違う自分を振る舞う。過剰包装してしまうのだ。

これを会社の側にたって考えてみてほしい。たとえば美しく過剰包装された包みを開けて、なんだ、こんな中身かとがっかりしたことはないだろうか。面接でも同じことがいえる。

千人に一人しか合格できないようなアナウンサーの面接であるなら女優のような演技力も必要だろう。演じて演じきれるなら、つまり面接で見せた通りの理想の自分をはっきり表現できるなら、徹底的に演じきったらいい。それを、たいした演技力もないのに、中途半端に小細工するようならやめておけ。

もちろん、ビジネスに演技力は必要だ。別項で私は「演じろ」と書いている。ただ面接では演じるな。断じて演じるな。面接官というものは、百戦錬磨、人を見るのが仕事だ。うわべだけ繕って演技したところで簡単に見透かされる。付け焼き刃で演技しても、「バカモン!」だ。四年制卒の場合であれば、たかだか二〇年ちょっとしか生きていないのだ。いくら立派に見せようと背伸びしても、すぐにぼろが出るに決まっている。

面接は真剣勝負だ。売り込むほうは、自分がいかに意欲と可能性を持っているかをアピールする。面接官のほうは、相手の未来を見ようとする。目の前の人間を見ているようだが、その未来を見ているのだ。多少間違ったり、おぼつかなかったりしても、誠実な話ぶりがアピールすることがある。失敗した話をたくさんしてタフな奴だと思われることもある。

会社は入ってからが勝負だ。「会社は社会の入り口」と、この本の中で何度も言っているが、実は社会に入ることは簡単なのだ。一流のビジネスパーソンになることこそ、難しい。そこを履き違えるな。入ってからが勝負と心得て、不器用でもいい、面接ではとにかく自分を出せ。まぶたに力を入れて、相手を見つめ、堂々とありのままの自分で勝負しろ。原石のままかかってこい。

馬鹿者

34 組織に安定を求めるな。

弊社には大企業出身者がよく面接に来る。大企業で世界を相手にビジネスをしてきた彼らだが、その九割はひるむのだ。

面接で私は言う。「橋が二本あるとする。一本はブレインワークス。弊社に来たら面白い仕事が待っている。しかし、橋は落ちるかもしれない。もう一本はこれまであなたがいたような大企業だ。それでも来るか？」と聞くと、表情が変わる。そしてこりもせずに、またもう一本の大企業の橋をやはりまた渡りたいと思うのだ。

たとえば、気まぐれな自然を相手に仕事する農業は、いくらきちんと計画を立てても、その通りに行くことはまずない。これはビジネスの世界でも同じだ。いくら今は安定しているように見えても、この先それがずっと続くなんて、一体誰が保証してくれるというのだ。

大企業はつぶれない。それが高度成長期時代の常識だった。大企業出身者は、組織に安定を求めてきたヤツがほとんどだ。だからそんな彼らに、面接でいきなり、自分の足で立てるかどうかを聞くと、不安になってしまうのだ。

しかし、考えてみればいい。最近の大企業を見て、絶対つぶれないと思うほうが「バカモン！」だ。安定？　そんなものがどこにある。消費者の信頼を一度失えば、大企業ほど転落はあっと言う間だ。ブランドネームがあるほど、ダメージも大きい。会社の看板に守ってもらうとはそういうことだ。虎の威を借る狐ではないが、虎が谷底に落ちた後、狐は自分で生き抜かなくてはいけないのだ。

ならば、本当の安定とは何だ。風が吹いても、嵐になっても、家がつぶれても、自分の足で歩いていける力のことだ。困難を解決し、努力をし、生き抜いていく筋力のことだ。その点で言えば、少々のダメージではへこたれない。むしろ、年中下請け仕事で苦しんでいる中小企業のほうがよっぽど基礎体力を付けるに向いているではないか。

組織に安定など求めるな。そんなものは幻想だ。目の前にあるのは、未開拓の荒野だ。自らの足腰で立て。

橋の話でひるんで帰っていく彼らの背を見て私は思うのだ。

「ああ、きっともともとは優秀なヤツなのだろう。彼が最初から自分の足で立とうとしていたら、今頃どんな表情で私と出会ってくれただろうか」と。

馬鹿者 35

経営者発想ができるヤツになれ。

入社してしばらくは、部下がいない。新入社員なら当たり前だし、中小企業なら数年間勤めても部下がいないケースがあるだろう。学生起業家ともてはやされる人間をみて、うらやましいと思うことがあるかもしれない。「バカモン！」、嘆くな。部下の経験があるからこそ、上司になった時に部下の気持ちが分かるし、社長になった時社員の気持ちが分かるのだ。

私にも、平社員だった時がある。中間管理職も経験した。全ての立場を経験したから、それぞれの立場でものを考える。経営者なら当然だ。

逆はどうだ。平社員でも、経営者発想で考える。部下の立場をこなしながら、経営者視点で組織を見てみる。例えば、あるプロジェクトでガマンできない上司がいるとしよう。自分が部下だと思うからガマンができない。経営者発想でものを見る…すると、部下の立場に甘えていたことも分かるだろう。優しい上司と思っていた上司だが、経営者の側からみれば、やはりそれだけではダメだと見えてくるだろう。部下の後ろには、上司がいる。上司の後ろには、その上司がいる。その上司の後ろには、経営者がいる。経営者の後ろには……誰もいない。ラストパーソンである。自分でなんとかしなくてはいけない。そう思って発想すれば、知らない間に力がつく。

何とかなると思うな。何とかなると思うだけで、うまくいくなら苦労はいらない。それは問題から逃げているだけであって、何の解決にも結びつかない。思うより行動だ。自分の力で何とかせよ。ラストパーソンになればできる。

思い出してみよう。受験勉強で誰かに頼っただろうか？　試験を代りに受けてもらっただろうか？　人に頼らず、自分でやりとげたはずだ。ラストパーソンだったはずだ。

ラストパーソンになれ。当事者意識を持て。ただ意識するだけなら誰でもできる。それでは甘い。「誰かがやるだろう」となってしまう。一〇人の会社で綱引きをして、皆が皆「誰かが力を出すだろう」と思っていたらどうなるか？　その会社は負けてしまう。

本当に自分のこととして考える当事者力が身に付けば、経営者発想もできるだろう。後ろには誰もいないのだ。

36 「だから女性は」という偏見を捨てよ。

日経新聞の調査によれば、二〇〇六年の男女平等指数は、日本は七九位だったそうである。一昨年は五八カ国中三八位だった。今年は一一五カ国に調査対象を広げた結果、大きく後退したというわけだ。まだまだだ、日本。

弊社はベトナムで人材育成の目的で学校を立ち上げた。その関係で、昨年来ベトナムの進展をこの目で確かめる刺激的な一年を過ごしてきた。ベトナムでは、女性は働き、男性が主夫をすることもある。中国でもそうだ。中国は、女性が働く土壌が出来上がっている。そもそも日本以外のアジアでは、女性が活躍しているのを目の当たりにする機会が多い。

女性を採用し、女性の発想をビジネスに取り入れることは結果としてうまくいく。消費の主役は女性だからだ。消費者に聞くのが一番早い。

事実弊社では年齢を問わず女性が活躍しているし、取引先からも男性に劣らず、良い評価をしていただく。また資生堂では、カンガルー社員といって、ワーキングマザーの時短勤務を補佐する人材を登用している。母親だけでなく、それをサポートする仲間も、子どもを守るポケットを持っているという考え方だ。こういう試みはどんどん推奨されていい。

企業の遅い足踏みに業を煮やした女性たちは、もう自分たちで起業する例も増えてきている。経営者はうかうかしていると、本来採用していれば活躍して業績を伸ばせたかもしれない女性たちに、起業され、追い越されてしまうかもしれない。

男性社員に言いたい。「男であることに甘えるな」と。男だというだけで、仕事もできないくせにそれなりの立場にいるヤツがいるとすれば、それこそ「バカモン！」だ。

これを読んでいる諸君は経営者ではないだろうが、そんな日本の実態を知っていてほしいのだ。そして女性の上司だからといって、先入観を持つことは避けるべきだ。よく「女性は感情で物を言う」と言われるが、男性だって感情に任せて物を言う人間はいる。男性も女性も変わらない。

若い人には、先輩のワーキングウーマンを見ておおいに学んでほしい。出世したくて目の前の上司にお世辞を言う「バカモン！」な男性上司に学ぶより、ニュートラルに実力で階段を上がる彼女たちに学ぶほうが、よほどタメになることはうけあいだ。

馬鹿者

37 短所も長所も親に聞け。

「自分に何が向いているのか分からない」。こういう若い人が多い。当たり前だ。そんなに若くて分かってしまったら、私など年を重ねることがあほらしくなる。他の項で詳しく書いたが、そもそもキャリアは偶然の結果によるところが大きい。あせる必要はない。目の前にあることを、一つずつクリアしていけばいい。そうやって、だんだん、分かっていけばいいのだ。心配しなくても、必ず、見つかる。

長所を伸ばせば、短所は放っておいていいという考えがあるが、「バカモン！」だ。短所と長所は知っておくほうがいい。

短所を知って落ち込むためでも、長所を知って浮かれるためでもない。自分をより良く知るために、客観的に知る必要はある。

どうすればいいか? 親に聞くのだ。親が一番知っている。時折実家に帰り、昔話になることがあるが、「あんたは小さい時◯◯でねえ」と言われて、自分でもあまり変わっていないと驚くことがある。

三つ子の魂とはよく言ったもので、人間、三歳までに人格形成の基本というのは大体できているのではないだろうか。小学校に入るまでに、さらにその形成は進む。おっちょこちょいなヤツは今でもそうだし、まじめなヤツは今でもまじめだ。そして「なるほど、あいつがねえ。でもそういえば、そういうところはあったな」と思い当たるのだ。

私はもともと引っ込み思案な性格だったが、根っこのところでは今でもそうだ。人前で話すのはもってのほかだと思っていた。しかし、一方で人を驚かせたり、あっと言わせるのが好きだった。引っ込み思案なのに、ウケたがりなのだ。人よりも数倍は、人前で話すのが苦手だと自分で把握していたからこそ、場数を踏むことでそれを解消してきた。そして、ウケたがりの性格は長所と捉え、いつも得意先や、世間にサプライズを提示しようと頭をひねってきた。

これらの短所と長所は早くも子どもの頃に、母親に見抜かれていたものだった。

短所を直し、長所を伸ばす。これは、ビジネスパーソンの基本だ。会社に入る前に、親によくよく聞いておくといい。

馬鹿者

38 短所は直せ。迷惑をかけるな。

今時の人材育成では「短所には目をつぶれ。長所を伸ばせば、自ずと短所も直るものだ」という考えがあるようだ。ふざけるな。はっきり言うが、生まれつきの短所というものはなかなか直らない。長所を天まで伸ばそうが、短所はタンポポのように我慢強く、地に張り付いたままなのだ。タンポポならまだいい。ガマンして、花も咲かせて、綿毛を飛ばし、また新たな花を咲かせる。しかし、人間の短所がいい芽を出すことはほとんどない。人に迷惑をかけるばかりだ。

スポーツにたとえると分かりやすい。たとえば野球。ホームランはよく打つけれど、守備が下手くそでエラーばかりする。にもかかわらず、守備の練習には目をつぶり、ひたすらバッティングの鍛錬には余念がない。そのような選手がいた場合、レギュラーになれるだろうか。当然、ムリだ。松井秀樹選手を見てみろ。イチローとまではいかないまでも、守備も平均点以上は取れるように努力しているではないか。

長所を伸ばしながら、短所は直せ。意識的に直せ。必ず直る。

社会で人に迷惑をかけるような短所なら、それを直さなくては始まらない。給与がもらえない、生活ができない。死活問題だと心得よう。

何よりも、人たるもの、人に迷惑をかけてはいけない。社会人でなくても、子どもの頃から親に教えてもらったではないか。ならば、直そう。社会人になろうとする、あるいはなった今、親に対してできる恩返しでもある。

人に迷惑をかける短所とはどういうものか？　例えば次の短所は致命的だ。

時間にルーズである。約束を守らない。大事な場面で逃げる。借りた金を返さない。無断で休む。伝言を忘れる。報告をしない。こんな時私は「バカモン！」と言う。

他にも、まだまだあるが、これらはビジネスパーソンとしてのタブーである。もし、仕事で組んだ同僚が、あるいは取引先の担当者がこうした人間であったらどうだろう。迷惑を通り越して、怒りが爆発するのではないか。

人に迷惑をかけない。社会は大きいようで、実は一対一の最小単位の繰り返しである。たった一人の相手に迷惑をかけないようにと心得ればいいのだ。何より「この短所を直さなくては仕事を、人生をやっていけない」と考えるべきだ。

馬鹿者

39 つるむな。弱いヤツほどつるみたがる。

私は、人とつるむのが嫌いだ。学生時代からそうだ。大学の時はよく、誰か言いだしっぺがいて「よ〜し、みんなで飲みに行くか」ということになった。みんなで、と言いながら、必ずと言っていいほど三人ぐらいずつのグループに分かれる。だから私は、ついつい歩調をずらして、わざと一人になるのが常だった。すると、前にいたうちの誰かが少し後ろを振り返り、私を見て「何やってるんだ?」と不思議がり、気にかけた。今でもそうだ。経営者の集いのようなものでも同じだ。

つるむ、という行為は必ず疎外者をつくるものだ。しかも、弱い人間ほどつるみたがる。昼食時間に街に出ると同じ会社の制服を着た女子社員や、同じ社章を付けたビジネスパーソンがグループで食事をしているのを見かける。ひょっとして、彼らは一人でいることに耐えられないのではないか？　誰かに従属していないと落ち着かないのではないか？　と思うのだ。

私にとってデスクから離れる時間は思考を整理するにまたとない時間だ。外に出て街を見る。雑踏の声に耳を傾ける。駅前で手にしたタウン誌から情報を得る。脳をリフレッシュする時間だ。「そうは言っても、孤独は嫌ですよ」という女性がいた。一人になりたくないのに、いつも輪から外れてしまう。のけ者にされているわけではなく、グループになりそこねるらしい。

「いいじゃないですか」と私は言った。「もし自分が一人でいたら、グループからそのうち誰かが外れた時に、一緒に組んであげられるでしょう」と。それでも一人が嫌なら……、絶対に一人にならずに済む方法は一つだけある。

リーダーになればいいのだ。一人でも、自分がリーダーになれば、自然と人がついてくる。あるいは、向こうから組もうと言ってきてもらうようなプロワーカーになればいいのだ。

イチローはどうだろう？　誰にも迎合していない。孤高の人だ。カズはどうだろう？「スーツケース一つ持って、どこへでも行く。サッカーができるなら」というスタンス。二人とも、こびないし、かっこいい。

「バカモン！」つるむな、こびるな、迎合するな。孤独が怖くてビジネスパーソンが務まるか。一人が嫌なら、リーダーになれ。人がついてくるような、プロの中のプロになれ。

馬鹿者 40

ケンカのできるヤツになれ。

創業当時、弊社では新入社員採用時の条件に「ケンカのできる人」と書いた。この考え方は今も変わっていない。

私自身、二〇代の時から仕事では相当上司に噛み付いてきた。エピソードも山のようにある。上司どころか社長にさえ食ってかかり、周囲をハラハラさせていた。若気の至りとはいえ、さぞ周囲は生意気なヤツが入ってきたと思っただろう。

しかし、後悔はしていない。言いたいことを言えずにいるほうが、よほど後悔する。だから、おとなしい新入社員を見ると「もっと思ったことを言え。文句の一つや二つ、あるだろう」とけしかける。なにを躊躇する必要がある。誠実にきちんと仕事をしていれば、必ず聞き入れてくれる人はいるものだ。

創業以来、弊社は山あり谷あり、何とかここまでやってきた。会社とは、仕事とは、常に戦いである。何の戦いかと思うだろうか？　競合ではない。自分自身の成長との戦いである。最も手強い相手ではないか。ならば、周囲とケンカくらいできなくてどうする。自分の意見をまともに言えなくてどうする？　そんなヤツは「バカモン！」ということなのだ。

この根底には、前著のタイトルにもなったが、『仕事は自分で創れ！』というポリシーがある。仕事を任され、一人一人が実力を付け、問題意識を持ち、リスクを発見する。「これは」と感じたことを見て見ぬ振りなどできない。仕事に前向きに取り組んでいるからこそ、熱くなるし、問題提起ができるのだ。論拠のないケンカではない。

必要とあれば、弊社は取引先ともケンカすることをいとわない。真っ当なビジネスをしていれば、当然、意に添わぬ相手とケンカをすることだってある。特に、日本では大企業の軋轢に押しつぶされそうになっている中小企業経営者の実態がある。ミスを押しつけたり、出世のためにゴリ押しを通そうとしたりするような相手とは、ケンカをしてもかまわない。衝突を恐れない勇気を持ち、自分の意見や主張を真正面から取引先へぶつける。それが経営の品格であり、ビジネスパーソンのあるべき姿だ。

衝突する勇気を持て。ケンカのできるヤツになれ。手強い相手から逃げるな。がっぷり腰を据えて真っすぐに相手の目を見てケンカする。それが、ビジネスパーソンだ。

馬鹿者

41 相手によって態度を変えるな。

社長や部長、大切な取引先にはヘイコラするくせに、相手が替わったとたんに偉そうになる「バカモン！」がいる。こういうヤツは絶対に信用されない。

大事な仕入れ先だから、相手が社長だからと、媚を売るのは間違いだ。損得抜きで、まず相手と真正面から向き合え。態度を変えず、言うべきことははっきり言え。

もし中小企業に入れば、その部分の筋力はずいぶん鍛えなくてはいけない。近頃は直接海外ですごいシェアを獲得する、少数精鋭の中小企業も出てきているが、たいていは下請け仕事である。大企業の仕事を、無理な納期で引き受けることも多いだろう。しかし、だからといって、ものづくりのプライドは捨てるな。下請け仕事にもプライドがある。発注者ではできない仕事だから、受けているのだ。仕事をいただいてもいる感謝の気持ちとともに「相手にないプロのスキルを提供している」という自負を持て。

要はイーブンなのだ。職人だからではない。ビジネスパーソンだからこそ、持っておくべきフラットな意識である。

もし相手に非があれば、得意先であろうときちんと言い切れ。アバウトな物言いは、結果的に自分を追いつめる。一貫性のある態度で対峙せよ。

一方、仕入れ先に関しては「仕事を出してやっている」と偉そうに振る舞うな。自分ができない仕事を「やっていただいている」のだ。感謝し、思いやりを示せ。無理ばかり言うな。

弊社の社員にも、社長の私（弊社は近藤さんと「さん」付けで呼ぶのだが）には、元気よく挨拶したりクイックレスポンスを心がけるくせに、同僚や部下に対してはいい加減に対応したり、偉そうにする社員がいる。「バカモン！」だ。「相手によって態度を変えるな」。これはなにも、外部に対する態度のことだけを言っているのではない。社内外を問わず、対等に人と接することは、人格ある一人の人間として真っ当なことではないだろうか。

相手によってカメレオンのように態度を変え、小手先で片付けてはいけない。仕事とは本音と本音のぶつかり合いだ。ビジネスパーソンにも、品格が求められる。ぶれるな、ふらふらするな。プロとしてのスタンスをしっかり持て。

馬淵語録 42

ビビるな。仕事で命はとられない。

雑用や先輩のアシストなど簡単な仕事を覚えていくと、だんだん責任ある仕事を任されるようになる。

ここで楽しいと感じるか、こわいと感じるか。微妙な言い方だが、こわさを知ってからがなおさら楽しい。こわさを知らないうちは、猪突猛進、ただ突き進むばかりだ。しかし、一度大きな失敗をしてしまうと、それがネックになって前に進めなくなることがある。

ビビってはいけない。後悔してもいけない。宮本武蔵の言葉に「我、事に後悔せず」というのがある。私の座右の銘である。自分で選んだことだ。済んだことをくよくよ悔やむな。もっと後になれば、小さいことだ。

会社での失敗はきっと何らかの形でけりがついている。先輩だけでなく、本部長クラスまでが謝りに行ったり、責任をとって商品の一部を会社が買い取ったり。業種によっていろんな、決着のつけ方があるだろう。若いうちは周りの誰かが必ずサポートしてくれる。

たまに仕事のミスでこの世の終わりみたいな顔をしているヤツがいる。落ち込むな。できる。できると思えばできる。私は最近ゴルフをしていて、パターがよく入るようになった。以前は苦手だったが、得意になった。なぜか？　パターは入ると思えば入るのだ。うまく行くと思えばうまく行くのだ。人間とは不思議なもので、いくら大変な時でも、プラス思考で前向きに努力を続けていれば、好転の兆しは必ずやってくる。しかしビビって、後悔ばかりしている人間には、残念ながら状況は悪化するばかりだ。

何しろ完璧主義がいけない。完璧にできるヤツなどいないのだ。キャリアが深い人は、失敗の確率が低いだけだ。誰しも多少の失敗はやっている。

だから、落ち込みそうな時こそカラ元気を出せ。状況が悪い時こそ、笑え。メンタルトレーニングだ。強くなれ。

山より大きい獅子は出ない。落ち込んで、こわくて次のトライアルができないと悩んでいるなら「バカモン！」だ。成功したければ、プロになりたければ、そんな無駄な時間はないはずだ。まだまだ人生の針は九時を回ったばかりだ。少々の失敗で落ち込んで、ギアをバックに入れるなんて言語道断。失敗したら、よけいに挽回するしかない。努力につぐ、努力だ。ギアをドライブにいれ、アクセルを踏もう。

馬鹿者

43

仕事とはリターンマッチの連続だ。

失敗を恐れるな。チャレンジを恐れるな。

最初に自転車に乗れた時のことを覚えているだろうか？　何度も転んだはずだ。こける、立ち上がる、自転車を起こす、乗る、またこける。こけては泣き、痛い思いをして、ようやく乗りこなせるようになったはずだ。

最初から自転車に乗れたヤツなどそうそういない。これは仕事でも同じである。世に成功者と言われる人は、多くの失敗を経験している。失敗を成長の糧としてこそ、一流に近づく。

一般に、大企業を見ていると失敗を経験できない組織ができあがっている。不祥事続きの昨今、失敗をしないようにというマニュアル作りには一層熱心だ。なおさら失敗が学べない。

子どもが転ぶ前に手を差し伸べる親に育てられたら、その子はどんな人間に育つだろう。他人に叱られたらすぐベソをかく弱い人間になるはずだ。ましてや親がいない場所で転んでひざを擦りむこうものなら、歩くのさえこわいかもしれない。一生おぼっちゃま学校に入れておくのならそれもいい。しかし、残念ながらビジネスはおぼっちゃま学校ではない。日々がバトルだ。転んだの、泣いただの、誰も知ったこっちゃない。自分で立ち上がらなければ、前に進むことなどできない。

特に、中小企業ではそれが顕著だ。失敗することはざらだ。新しいチャレンジをしなければ、他に抜きん出ることができないからだ。逆に言えば、失敗を学ぶことができる環境があるということだ。

弊社の月間MVP制度では、少なくとも「新しいチャレンジをして成果が上がらなかった」ことを非としない。「チャレンジした結果の失敗」が、「現状維持」よりも上である。失敗をしたヤツなら、次は失敗をしないようにする方法を学ぶだろう。当然同じ失敗を繰り返してはいけない。しかし、失敗に対する悔しさは、リターンマッチへのバネとなる。何度でもチャレンジすればいい。失敗してもくじけず、何度でも挑めばいい。日本には、全体にこのリターンマッチを歓迎しない雰囲気が漂っているが、「バカモン！」だ。

失敗を恐れるな。失敗しても、萎縮はするな。冷静に原因を精査し、次に活かせ。成功イメージを持つことが重要だ。

子どもの頃は、こけてもこけても自転車に乗ろうとしたはずだ。乗りたかったからだ。すいすいと、風のように走る。みんな気持ち良さそうだ。自分も未知の快感を手にしたかったからだ。そのイメージができれば、リターンマッチはうまくいく。決してこわがるな。こけてもいいから、チャレンジせよ。

馬鹿者

44

怖い上司から逃げるな。

もし会社の上司が、もの分かりのいい人ばかりだったらどうだろう。いつもニコニコと優しく励ましてくれる。問題提起をすれば聞き入れてくれる。居心地はいいかもしれないが、上昇志向が育つとは思えない。

もし、自分が経営者ならと考えてみればいい。会社にとって必要な人間は、怖い上司と優しい上司のどちらだろう、と。そして経営者として、新入社員の二年後、三年後を考えた時、どちらの対応がふさわしいだろうと。そうすれば、決して優しい上司がいい上司とは限らないのである。怖い上司こそが、いい上司であることも多い。

二〇：八〇の法則で言えば、企業の利益は二割の「できる社員」によってもたらされている。これは八割が「できない社員」ということだ。三〇歳を過ぎて、仕事ができない社員でいたいと思うだろうか。

水は低きに流れるものだ。優しい上司に甘やかされて、八割のほうに入りたければ、怖い上司から逃げていればいい。しかし、それが嫌なら、できるビジネスパーソンになりたいなら、怖い上司から逃げずに、ぶつかっていこう。

私が若い頃にも、怖い上司はいた。その上司がいたから私は常に問題解決をしようとしてきたし、自分が成長するためのバネにできたと思う。

もし「のんびりでいいよ、キミのペースで」と言われたら、ついつい甘えてスローペースになる。「どうしてそんなに遅いんだ？」と言われたら、スピードアップできるようになって見返してやろうと思う。

怒る上司、怖い上司の存在を、自分の成長のバネになると位置付ければいいのだ。

上司を選り好みしていては「バカモン！」だ。仕事にならないのだ。しかし、一見ソリが合わないかと見える相手に評価された時の喜びはとても大きい。相手にしてみても、もともと評価のスタート位置が低いので、いい仕事をすれば普通以上に評価してくれるということがある。

助言を乞うのもいいだろう。一般的に怖い上司は、アドバイスを求められることが少ないから、喜んで教えてくれるし、親身になってくれるかもしれない。

逃げるな。努力しろ。プロのビジネスパーソンとしてやっていきたいと思うなら、怖い上司を持っている自分を幸運だと思え。

45 上司は忙しくて当たり前と思え。

河島英五の「時代おくれ」という歌がある。この中で、私は「あれこれ仕事も　あるくせに自分のことは　後にする」というフレーズが気に入っている。これこそ、上司の心得だ。できる上司は、部下の質問や相談を後回しにはしない。まさに歌詞の通り、自分のことは後回しにして、部下を最優先で考える。弊社の社員はどう思っているか分からないが、私自身も極力気にかけていることだ。メールの返信は必ずする。なるべく早めにと心がけている。

若手ほど、忙しそうな上司に気後れする。確認したいことがあるが、忙しそうなので遠慮して聞きそびれてしまう。

しかし上司はみんな忙しい。そんなことで躊躇していては、いつまでたっても何も聞けない。

もちろん最低限のタイミングというものはあるだろう。誰かを叱っている最中に、間の抜けた質問をしては「バカモン！」だ。だが、これも情報の緊急度による。「バカモン！」と叱っている内容よりも重要な事態であれば、すぐにでも報告すべきだろう。

これだけは言っておく。相手がいくら忙しくしていても、確認すべきことは確認しなくてはいけない。報告すべきことは報告しなくてはいけない。

上の立場に立ってみればよく分かる。遠慮して確認できなかった。後々、大きな問題となり、結局上司の負担になってしまった。そんな事態になってから、後悔しても遅いのだ。だから「上司は忙しくて当然。必要以上に気後れせず、すぐに報告する、確認する」ことを習慣にせよ。自分だけでなく、上司にとっても「あいつは何かとすぐ確認してくるな」と当たり前になってくる。そうなれば聞きやすい。

タイミングよりも大事なのは気持ちだ。「お忙しいところすみません。後ほど一つだけ確認させてほしいところがあるのですが、よろしいですか」。心の準備をまずしてもらうのだ。あるいは手短に「今よろしいですか？　ひとつ急ぎのご報告があるのですが」と時間の有余を確認する。本当に全く余裕がなければ「じゃああと一〇分したら聞くよ」などと答えてくれるだろう。

これほど気遣っても、部下の対応を後回しにするような、仕事のできないバカな上司が中にはいるかもしれないが、そんな上司には気を遣う必要さえないではないか。

46

いい人になるな。何の得にもなりはしない。

「いい人ですね」。たとえ誰かにどこかでそう言われても、うれしがってては「バカモン！」だ。「いい人」になどなってはいけない。ビジネスにおいて「いい人で、仕事もできる」というヤツはほとんどいない。

私は、他人から「いい人」と言われているヤツを見て、うらやましいと思ったことがない。かねてから「いい人」より「仕事ができる人」を目指しているからだ。

実は、いい人になるのは簡単だ。負け惜しみなんかではない。「あの人はいい人ですね」レベルで、人に好かれるよう、気にいられるようにするのは五分後からでもできる。しかし、しない。ナンセンスだ。

部下から上司を見た時に、上司のパターンは四つある。一番いいのは「人も良くて、仕事もできる上司」。次が「仕事はできるが、人は悪い上司」。そして「仕事もできず、人も悪い上司」。最後が「いい人だが、仕事はできない上司」。

一番目はほとんどいない。聖人君子でありながら仕事もできる人間は数えるほどしかお目にかかったことがない。三番目の「仕事もできず、人も悪い上司」。やっかいだが、意外と多いのがこのパターンだ。そして「いい人だが、仕事はできない上司」は最後だ。なぜなら「仕事もできず、人も悪い上司」より、タチが悪い。「いい人」として部下に慕われたいために、叱るべき時に叱ることをせず、「いい人」を演じることで、存在価値を保とうとする。仕事ができないからよけいに、自分は周囲のためにというポーズで取り繕おうとする。甘い言葉をかけたり、下心でおごったり。人を見る目がまだ育っていない若手を混乱させるから、一番始末に困るのだ。経営者側から見たら「人も悪い上司」でいてくれたほうがどんなにマシかと思うのだ。

「本物のいい人」になるには大変な時間がかかる。それには、いい仕事をして、デキる奴と付き合う。仕事のステージがあがれば、必然的に一流の人間の気遣いも学ぶ。見せかけのいい人ではない。失敗を知り、人の傷みを知り、本当の真心を持った、人物的にも一流の人間。それが、「本物のいい人」だ。そこを目指すのは、拙速だ。まずは、「いい人」より「いい仕事」。仕事がデキる奴になることから始めよ。

馬鹿者

47 段取り力を付けろ。

なぜ自分はうまくいかないのだろう。なぜあいつはうまく行くのだろう。ドングリの背比べなのに、他人と比較して落ち込むことはないだろうか。あげく、自分はこの仕事に向いていない、自分はあいつほど能力がない、とやる気を失ってしまうことはないだろうか。

「バカモン！」だ。仕事がうまくいかないことの大半の理由は、段取りが悪いことだ。実際には人間の能力に大きな差はない。

どんな小さい仕事も、段取りなしにはあり得ない。段取り力を身に付けるには、仕事の場数を踏むことしかない。さらに大事なことは、仕事がうまくいく人の方法に学ぶことだ。なぜ、あいつはうまくいくのだ？　と思ったら、うらやましがったり、悔しがったりするだけでなく、その方法を知ることだ。盗み取るのだ。

進行表、スケジュール帳、見積もり書、企画書……いろんな書類を見せてもらったり、果ては電話の掛け方や机の整理の仕方などまで、細かく観察してみよう。「○○部長、今度どこどこに行く時ご同行願えませんか？　先方が○○部長のファンなんですよ」などと、上司のこともうまく使っているかもしれない。

また、段取り力のひとつが整理力だ。伸びる会社は整理整頓がよくできている。何かをしようとする時に、山のような書類の中からかきわけて仕事をしていれば、段取り力以前の問題だ。

机の上、棚の中。それらは、頭の中と同じなのだ。

最後に、段取り力があるヤツは、ツールの使い方、時間の使い方、人との付き合い方、それらがとにかくうまく、スムーズな流れで仕事をしている。優秀なビジネスパーソンは、量や納期だけで段取りを組んだりしない。集中する仕事、自分一人で簡単に済む仕事、人の手を借りる仕事など、力の入れ具合で自分なりの段取りがあるのだ。だから、上司に「おい、あれどうなってる？」とせっつかれても、あわてない。むしろ、任せたのなら黙っておけというくらいの迫力で「大丈夫です。ちゃんと私の段取りで組んであります」と自信たっぷりに答えるのだ。

段取り力を付けよ。整理力を付けよ。力の入れ具合をわきまえよ。それが身に付けば、見違えるように仕事ができるようになる。

48 「ANDの才能」で仕事しろ。

「二つは強みを持て」。これは、ゼネコンに入社して一週間後に開かれた新入社員歓迎会で、榎原先輩が新入社員に対して言われた言葉だ。榎原先輩は、「二つの強みが、例えば仕事と仕事、仕事と遊び（趣味）ならいい。でも、遊びと遊びはダメだ。それはただ、○○バカでしかない」とジョークを交えて言われたことを今でも覚えている。

入社してすぐの頃は、私は一つの仕事をこなすので精一杯だった。厳しい先輩の下で悪戦苦闘を続けていたし、そもそもイヤイヤ仕事をしていたので、はっきり言って、仕事はつらかった。

しかし元来が好奇心旺盛な性格なだけに、二つ以上のことをやってやろうと、ある時心が切り替わった。やってやれないことはないのだ。それからというもの、常に複数のことを同時に行なうためには何をすべきか、それを自分の頭で考え、実践する努力を続けてきた。
「一石五鳥で仕事しろ」。これは今の私の口癖である。スピードが求められる今、価値ある情報をいかに効率よく、スピーディにさばくことができるかが問われる。スピードに適応するためには、応用力、決断力に加え、一度に複数のことに対処できる能力が求められる。秒進秒歩の時代、一つひとつ対処していたのでは、とてもじゃないが仕事は前には進まない。一石二鳥と言わず、一石五鳥で仕事する。新入社員歓迎会で聞いた榎原先輩の言葉を常に意識し、仕事をしてきた積み重ねが習慣化され、今では当たり前のように私は一石五鳥で仕事している。

この本の最後に、これから社会人となる人のための推薦書籍を挙げた。その中の「ビジョナリーカンパニー」という本の中に、「ＡＮＤの才能」というのがある。これは、ＡかＢのどちらかではなく、ＡとＢの両方を手に入れる方法を見つけ出せという意味だ。これが私の言う、一石五鳥である。

目の前の仕事に集中していたので、先のことまでできません。先のことを考えていたので、目の前の仕事にまで手が回りません……。そんなことを言うヤツは「バカモン！」だ。どちらか一方を選択する、という発想を捨てろ。「ＡＮＤの才能」で、両方ができる方法を探せ。そして実行しろ。ビジネスは、瞬間瞬間、一期一会の世界なのだ。一事が万事と心得て、常に真剣勝負で仕事しろ。

馬鹿者 49

質問力を付けよ。

デキるビジネスパーソンになろうと、ついつい理論武装する人がいる。相手が口をはさむ余裕もないくらい、べらべらと自分の考えばかりをまくしたて、悦に入るのは「バカモン！」だ。

成功へのショートカットで大事なことは、相手をメインに据えることだ。自分が主役ではない。常に相手のことを考える。

弊社でも私がメモを取る習慣をうるさく言うせいか、やたらと打ち合わせ先でメモばかり取る社員がいる。正確に言うとメモ〝しか〟取らない社員だ。そんな社員には「ノートに向かってばかりいるな。相手の顔を見て、うなずき、話を聞き、ポイントポイントでメモを取れ」と言っている。

当然メモは大切だ。この本の中でも、記録せよと何度も言っている。しかし、相手にしてみれば、ずっと下を向いてメモばかり必死に取る社員を優秀とは思わない。むしろ、しっかり話を聞き、分かった、心得たという要所要所でメモを取るヤツのほうが、信頼されるだろう。

相手をメインにするとは、相手を立てることだ。相手に関心を持ち、質問することだ。この質問がうまくできるようになれば、ビジネスパーソンとして及第点がつく。

話しすぎてはいけない。人は自分を理解し、関心を示してくれる相手には好意を持ち、信頼する。まずは、相づちを打ち、聞き、質問する。

質問といってもむずかしく考えるな。共感すればいいのだ。「……でね、大変だったんだよ」と相手が言えば「大変だったんですか」「そんなことがあったのですね」と受ける。相手が共感を求めていたら、表情で一緒に喜んだり、悲しんだりを示す。

話はさえぎるな。途切れた頃合いをみて、短く入れる。特に複雑な話には「……ということですね」など簡潔に確認する内容で質問を短く入れる。すると相手は「話しやすい人だなあ。話しているうちにポイントが明確になっていく」と感謝してくれるのだ。

これは会議でも言える。いい会議では、必ず質問力のあるヤツがいて、いつの間にか結論が導かれる。

ビジネスは、いつでも、どこでも相手が主役。聞き役に徹し、質問力を高めよ。それが成功へのショートカットになるのだ。

50

アイデアバカに終わるな。

アイデアとは何だろうか。私は「アイデアマンですね」と言われても、有頂天にはならない。ビジネスパーソンであれば、それなりのアイデアはちょっとしたことで誰でも思いついて当然だ。経営者であれば、その可能性は常に推し量り、可能性があるならば自ら実践する度量がなくてはならない。

数年前の第三次ベンチャーブームの時は、異様だった。ビジネスモデルという言葉に踊らされ、何が何でも新しいアイデアを発掘して投資しなければと鵜の目鷹の目のベンチャーキャピタルやエンジェルたちがたくさんいた。結果、アイデア倒れで実行力のない企業に投資して、投資倒れになったケースは多い。

もちろん、アイデアは大切だ。始終考えて、アイデアバカになるのもいい。しかし、アイデアバカになるのであれば、実践バカにもなる必要がある。実行しなければ意味がないのだ。

私は「アイデア：実行＝一：一〇〇」くらいの開きがあると思っている。アイデアを思いつく人の中で、それを実行する力が伴う人は百分の一くらいの確率だろう。それくらい、多くが「アイデア倒れのアイデアバカに終わる」ということだ。

『決断力（上）』（日本工業新聞社編）という本がある。昭和の経営者を豊かに描き出しているが、その中の故本田宗一郎氏の項に興味深い記述がある。本田氏がしゃがみこんでチョークで土間にアイデアを描くと、皆がのぞきこんで、すぐ図面に描いて、モノをつくって、テストをして、翌日までに報告しなければならなかった、というくだりである。徹底的に実践したのだ。技術のホンダの真骨頂を見る思いではないか。

アイデアは醸成され、テストされ、実現に向けて努力されなければいけない。卵を温めているばかりで「よしこれでいつかは、一世一代のビジネスを」と思ったところで、いつの間にか卵が腐ってしまうのがオチである。実践するためには何が必要か。アイデアの次を考えて、戦略を練り、実践するのが、実践バカである。失敗もする。リターンマッチもいとわない。

それを端から見て「割の合わないことを」と笑うヤツがいたら、そのほうが「バカモン！」だ。アイデアバカで終わるな。どうせなるなら偉大で、アイデア豊かな、実践バカになれ。

馬鹿者

51 IQバカになるな。EQを磨け。

数年前に、ＥＱブームになった。どこかのコンサル会社や出版業界が新ネタとして広めたのがきっかけだろうが、この考えは実に良い。実際、今の日本の社会に欠けていることそのものだ。要するに、それだけＩＱバカが増えたということだ。学歴社会の弊害ともいえよう。学歴エリートを否定はしないと、私は書いた。ここでいうＩＱバカはむしろ学歴エリートより、子どもの頃勉強しかしなかった人に多い。「遅まきながら脳トレでＩＱを磨こう」とでも考えているなら、なおさら「バカモン！」だ。

ＩＱで日本や地球の未来は救えない。ＩＱバカには、人や社会への適応力に欠けるヤツが多い。もちろん、かといって簡単なビジネス文書も書けないのも困りものだが、ビジネスの基本となるのは実はEQなのだ。

IQが知能指数ならば、EQは感情指数と表現すると分かりやすい。感情や感性は、小さい頃から二〇歳頃までに磨かれるそうだ。また、情報感度を磨くのも、この時期が勝負だ。

成功者はこのEQが高い。決して一流大学を出た人間ばかりではない。IQや偏差値が高いわけでもない。どちらかと言えば、平凡に見えるのに、なぜか同僚や上司に好かれ、顧客にも評判がいい。そういう人間は、EQ、つまり感情指数が高いのだ。


よくモチベーションが上がらないというヤツがいるが、EQが高いビジネスパーソンは、まず仕事に向き合う自分の感情をうまく活用してモチベーションを高める。感情とはやっかいなものだ。人間、落ち込む時は落ち込むし、スランプだってある。だからといって、追いつめられた状態でいい仕事などできない。効率が低下し、ミスが重なる。負のスパイラルにはまるのだ。

そこをうまく抜け出すのが、EQの力だ。二〇歳頃までに基本ができるが、これも訓練次第である。後天的に伸ばそうと思えば伸びる。先の先をイメージして自分の感情を「いい場所に持っていく」のもその一つである。すると、いい感情がいい成果を生み出す。周りの人間も気持ちがいいし、会社全体にいい影響を及ぼす。

EQを高めよ。常に、感情の居場所が快適であるように心がけよ。楽しく、スムーズに仕事をしているように見える人に、進んで秘訣も聞くべきだ。

馬鹿者

52

中途半端な責任感は迷惑だ。

仕事ができない人がよくおちいるパターンがある。中途半端な責任感を振り回すのだ。「私が責任を持ってやります」と仕事に取り組む。結果、ブラックボックス化してしまい、周りの人間が手伝おうとしてもできなくなる。「バカモン！」もっと人の力に頼れ。抱え込むな。

これは私もやったことがある。そして部下を持つ立ち場になり、分かったのだ。中途半端な責任感は、迷惑だと。だから、この本もでき上がるまでに、いろんな人に読んでもらって意見を聞いている。

中途半端な責任感を持つヤツは決まって言う。「すみません。私が責任を持てなかったばっかりに」。「私の責任でなんとか」。私は決まってこう返す。「バカモン！　なんで周囲に頼らないのか」と。

中途半端な責任感ほど周囲を困らせるものはない。もっと早く人の知恵を使い、アドバイスをもらっておけば、こんなことにならなかったのに。「自分の手に余る」と言ってくれれば、打つ手はいくらでもあったのに。そう後悔しても後の祭りだ。

結局は上司が責任を取らされるのだ。自分より上司のほうがはるかに責任が重いのだ。それを分かっておく必要がある。

責任感を持つのはいいが、最終的にプロの仕事とは依頼者に対して成果を提示することだ。ならば、社内の同僚や上司に助けを求め、より多くの知を集めるほうがいいに決まっている。

新人といえども、働き始めたら何らかのプロジェクトに関わることもあるだろう。しかし気が弱いヤツやアバウトなヤツほど、自分がどこまでできるのかも分からずに「何でもできます!」と声を張り上げ、モグラのように突っ走る。仕事を任された嬉しさもあるのだろう。自分の責任だとばかりに、一心不乱にがんばるのだ。しかし、こういうヤツほど、見事に落とし穴にはまる。進捗を確認すると、決まって「実はできていません」「どうしたらいいのか分かりません」と言うのだ。なぜ最初からできないと言わない? なぜ途中で確認しない?「バカモン!」だ。

できないと本当に思ったなら、「できません」と言う勇気も必要だ。怒られたっていいじゃないか。その衝突こそが、本物の責任感を身に付ける源泉になるのだから。

馬鹿者

53 中途半端な個性を持つな。

世の中には、個性を勘違いしている人間がひどく多い。中途半端な個性を振りかざして、周りに迷惑をかける奴だ。

ビジネスにおいて、協調性や規律は重要だ。しかし、みんなで野球をしようという時に、練習はしないくせに自分だけがホームランを打ちたがるヤツがいる。個性を勘違いしているのだ。努力もしないで、本番で人よりちょっと目立つことをしていれば、それが個性だと思い込んでいるのだ。

本当の個性とは、一緒に野球をしながらも、全体の流れを読みながらも、的確な動きができることだ。ルールを守り、協調する中でも、光り輝く一流のプレイができることだ。それができないのなら、まずルールを守ることから始めなくてはいけない。

メジャーリーグを見て「ヤンキースが勝てないのは、皆短髪にするからだ。規則でがんじがらめにするからだ」という人がいる。それは違う。短髪は、ヤンキースの規則ではない、規律だ。お互いに暗黙の了解で取り決めたルールなのだ。だからこそ、今までずっと長髪だった井川もすんなりと従った。

これはビジネスでも同じだ。互いを律してこそ信頼が生まれ、いい仕事ができる。規律ある行動ができる人間こそ、本当の個性を発揮できるだろう。しかし、中途半端な個性しか持っていない人間は「ルールなんてばからしいですよ」という顔をする。「そんなことを決めて何になるんですか」「ルールで人を縛っても他に勝つことなどできませんよ」という。あげくの果てに、時間にルーズだったり、納期を守れなかったりする。単に、自分で自分を律する事ができない「バカモン！」だ。一言で言えば、甘いのだ。最低でかっこ悪い。ビジネスパーソンの仕事ぶりではない。

本当の個性を持ちたければ、まず規律を守れ。約束を守れ。プロ同士の信頼を裏切るな。それを達成した上で、ホームランを狙え。一流のプレイを目指せ。そうすれば、誰も責めることはないだろう。

努力を続ければ誰しもいつかは自分から輝くビジネスパーソンになることができる。

自分が最初から本物の輝きを放つブリリアントカットのダイヤでなければ、まずは磨け。磨き方には定石がある。中途半端な磨き方で決して輝きはしないのだ。

馬鹿者

54 見せかけの思いやりは捨てろ。

世の中、中途半端に優しい人間が多すぎる。表面上、当たり障りのない対応しかできないヤツや、目先の優しさだけに走るヤツばかりだ。

誰しも悪い人、冷たい人だと思われたくはないだろう。しかし「優しい人ですね」と言われて、ヘラヘラ喜んでいるのは「バカモン！」だ。私はヘソ曲がりなので「そんなに人が良くないですよ。よく叱るし、こわいですよ」と言う。

よく取り上げられる話だが、中途半端な優しさが、時に余計なお世話となる事例をご紹介したい。例えば道ばたで子どもが転んだとしよう。泣いている。かわいそうだ。近寄って、手を差し伸べて助け起こした。助けた本人はそれで満足だ。優しくしてやった、と気分がいいだろう。しかし、離れたところで母親がいたらどうか。母親は助けたいのはやまやまだが、子どもが自力で立ち上がるのを必死の思いで見守っていたとしたらどうか。他人が手助けするのは、この場合余計なお世話なのである。中途半端な優しさは、母親だけでなく、その子の将来にとってもありがた迷惑なのだ。

自分に何が求められているかを分からずに、ただ優しい人を演じようとしている「バカモン!」だ。この例で子どもを手助けしようとする人間は、すぐ目の前しか見ていない。子どもの周りにも目を配れば、母親が近くにいることにも気付くだろう。なぜ、母親は来ないのか? 心配そうな表情を見れば、必死の思いで見守っていることも分かるだろう。

ビジネスの場でも、これと似たことは実に多い。見せかけの優しさや言葉がけで相手に取り入ろうとするケースだ。また、嫌われたくないがために、自分を守るために優しく振舞う。「バカモン!」だ。見かけ倒しではない、本当の優しさとは常に相手がいることを忘れない。相手にとって、自分が何をすればいいか、できることは何か、と考える。

「優しい人ですね」と人は言う。はっきり言って好き嫌いで判断し、その時気分がよければそう言うのだ。多くの場合、本物の優しさと見せかけの優しさを区別できずに言うのだ。

だから「優しい人」と言われて、小躍りするな。中途半端な思いやりは要らない。相手にとって何が本当の優しさかを見極めて行動せよ。

暴言者 55

帰ってこい、ものづくり日本。

一体いつから日本はものをつくらなくなったのか？

創業以来、弊社は中小企業支援を事業の柱としているが、精魂込めてものづくりをする企業はやはり減った。

ひとつには、企業のブランディング志向が高まり、まず「注目ありき」から発想するようになってしまった。注目されれば株価が上がる。だからますます、どうやったら注目されるかだけを考える会社になってしまう。

しかし、実は中身がない。中身をつくる前に注目されてしまうと、虚言で塗り固め、うすっぺらな事業となり、何のために仕事をしているのかさえ分からなくなっていくのだ。会社の価値とは何か？　株価の変動に一喜一憂し、ものをつくらない金融ゲームをビジネスの柱にする。「バカモン!」だ。

ものづくりとは、何か。言わずと知れた、ものをつくって顧客に満足を提供することだ。しかしその、ものづくり日本が今、ゆらいでいる。家電製品や車のリコールはしょっちゅう行われているし、食品業界にいたってはモラル低下も甚だしい。

食品というものは、身体に入っていくものだ。そこのところをわきまえないから、商品の見栄えを良くしようと、色を着ける。自然のものと思って手にしている野菜にも実は色が着いていることがあるのだ。そのほうが、よく見えるからだ。

商品を良く見せ、高く売ることしか考えていないのだ。利益より大事なものは他にないのか?

昔は違った。日本が高度成長期の時代は、欧米に追いつけ追い越せと「量」に走った。一通り物が揃えば、今度は「質」に走った。日本製は信頼の証だった。現場の人間も、ものづくりのプライドを持って仕事をしていた。品質をどこまでも追求し、その努力の結晶である日本ブランドは、世界に認められた。メイド・イン・ジャパン。それは高品質の証となった。

今は、どうだ。日本製=最高品質というラベルがはがれかかっている。ものづくりのプライドが地に堕ちようとしている。品質の追求こそが、日本の企業のアイデンティティなのにだ。

ものをつくれ。ものづくりの心を取り戻せ。ものづくりのプライドを持ち、徹底的にこだわってものをつくれ。本物の、心ある「メイド・イン・ジャパン」を取り戻せ。

56 「ほうれんそう」を死ぬまで忘れるな。

「ほうれんそう（報告・連絡・相談）」は、ビジネスパーソンの極意中の極意だろう。当たり前過ぎて今さらと思われそうだが、今の日本を見ればこれができていないのはすぐ分かる。不祥事が起きて「まだ詳しい情報が分かりません。調査中です」などと幹部クラスが平気で言う。画面のこちら側の視聴者は「そんな体質だから、そんなことが起きるのだ」と妙に納得するのだ。

部下が上司に「ほうれんそう」を行うのは当たり前だ。しかし上司から部下への「ほうれんそう」も行わなくてはいけないと私は常々思う。これは何も日本だけの仕事の習慣ではなく、アジアに行ってもしかり。いや、世界中のビジネスパーソンの常識であろう。それくらい、「ほうれんそう」は大切だ。部下だから、ではない。

部下の立場にしてみたら、あれはまだか、こっちはどうしたと聞いてくる上司はわずらわしいことだろう。しかし、上司の立場に立って考えてみるといい。自分が任せた仕事がうまくいっているかどうか、気になるのは当たり前だ。なかなか報告に来ないから声をかけてみる、すると全く進んでいない、問題が発生している、あげくプロジェクトが頓挫しそうな時、胃が休まる暇がない。全ての結果は上司にふりかかってくるのだから、部下から「ほうれんそう」を行うのは常識と言えよう。

またミーティングの際、プロジェクトの進捗を報告させると、いついつのメールですでに報告しましたと言う。「バカモン！」だ。ミーティングの場では、必要な資料はすべて準備し、その場できちんと報告しないといけない。

一般にうまく進んでいることの「ほうれんそう」はしやすい。聞く方も気分がいい。しかし、悪い状況を知らせる「ほうれんそう」こそ、早めにしておくべきである。傷は浅ければ浅いほどいい。状況を少しでも敏感に察知し、もし「ひょっとして事態が悪化するかもしれない」という芽が見つかったらその時点で「ほうれんそう」を行う。部下よりもキャリアの深い先輩や上司なら「それはこうすればいい」「あの会社に頼めばいい」など具体的な代替案を持っていることも多いのだ。最悪なのは「もっと早く言ってくれれば対処できたのに」という「バカモン！」だ。

「ほうれんそう」を忘れるな。悪い報告ほど一層「ほうれんそう」を心がけよ。上司になっても、社長になっても、いや、死ぬまで「ほうれんそう」を忘れるな。

馬屋者

57 マメであれ。気が利く人になれ。

マメな人はいい。気が利く人はいい。私は、「マメな人・気が利く人応援団」と言ってもいいほどだ。

マメで気が利く人は、フットワークが軽い人だ。あまりデスクにじっとしていないから、人目にもつく。周囲も何かと仕事を頼みやすい。だから、知らないうちに他の人より、仕事量が増えているに違いない。結果的に、頼まれた仕事もてきぱきとやっていかなければ遅れてしまうから、仕事力がついてしまうのだ。結果、ビジネススキルがアップするわけだ。

マメな人は、一般に「ほうれんそう」が得意である。商談をしたとしよう。その日すぐに「先ほどはありがとうございました」とメールが来る。あるいは、印象新たなうちにお礼状が届く。

こういう人にはこちら側も「弊社のことを気にかけてくれているのだな」とやはりうれしい。

その逆もある。こちらからメールを送っても、返事が無い。反応が鈍い。かなりの時間が経ってから「メールは届きましたか」と聞くと「ああ、すみません。メール無精で」と頭をかく。これが弊社の社員であれば、「バカモン！」だ。

「ちょっと近くまで来たので」と、マメに訪問する営業パーソンもいる。いきなり来て迷惑と思われない程度に、さらりと顔だけ出して、ごきげんうかがい。こうして顔を記憶してもらうことで、何かの拍子に「じゃあ、これ○○さんに頼もうよ」と仕事が来る。

マメな人は、こうした具合に、概して優秀なビジネスパーソンである。相手の懐に、知らないうちにしっかり入って行ってしまうのだ。

プロジェクトマネージャーもマメでなくては務まらない。現場の緻密な段取りを行う。手順を一つひとつ確かめながら、辛気くさい作業ではある。チェックリストがちゃんとできている。「もしもそれでうまくいかなかったら？」と問えば、代替案まで用意してある。段取りマメで、チェックマメだ。

自分はマメじゃないと言い訳するな。できることから、マメになれ。

筆マメ、メールマメ、電話マメ、「ほうれんそう」マメ、営業マメ、メモマメ（言いにくいな）、段取りマメ、提案マメ、チェックマメ。これを次々と制覇するなら、きっとすごい。

馬鹿者

58

一流の人の気遣いに学べ。

世に一流と言われる人は、気遣いが一流だ。相手に対する観察力や、見極める力が強いから、こちらが極力さりげなくおもてなしや気配りをしたつもりでも全て気づかれてしまう。そういう人との付き合いの場には、ビジネスマナーの心得が凝縮されている。

成功へのショートカットをしたければ、一流のビジネスパーソンに学ぶといい。

成功しているビジネスパーソンは、品格も一流だ。肩書きが社長でも粗野な人間はいる。お金を持っていることをひけらかしたり、成功したとたん偉そうになる品のない人間もいる。それは一流の人間とは呼べない。

品格や品性は、生まれつき備わっているものではない。いい家庭に育った子どもが品性のある大人になることはあるだろう。しかしそれも親の教育や環境という後天的なものだ。ならば、お金はなくても、成功していなくても、品性や品格を身に付けておくことはできるだろう。「一流になってからでいいですよ。まずは仕事」と思うなら「バカモン！」だ。仕事に邁進するかたわらで、そうした気遣いを磨いておくことが、仕事にも活かされていくのだ。いざ、一流の人間と出会ってもあわてないために、日頃からトレーニングをしておけ。一流のビジネスパーソンの一挙手一投足や気の配り方、すべてをしっかりと目に焼き付けておけ。いきなり完璧にできるヤツなんていない。まずは気遣いとは何かを自分の目で観察し、学ぶところから始めればいい。

品性、品格と言えば、ビジネスマナーは欠かせない。商談の席、お酒の席、お礼の言い方などなど、レベルの高い配慮が求められる。なぜ、マナーが必要なのか？　気持ちがいいからである。人と人が円滑な関係を築くのに、必要なものだからである。人を磨くのもマナーであれば、長い歴史においてマナーを磨いてきたのも人である。

どうしたら相手は快適だろうか。喜んでもらえるだろうか。一流の人はそういう気遣いを自然にできる。気遣いをしていることを悟られないよう、気遣いをする。本物の思いやりにあふれている。相手の立場をわきまえているから、お金を払う時でも変に威張ったりしない。自分がサービスする側なら分かるが、サービスされる側であっても、相手への配慮が徹底しているのだ。ちょっとくらい小金を稼いで威張っているような、にわか成金の人間では、到底足下にも及ばない品格である。

馬鹿者

59

努力こそ平等に与えられた才能だ。

努力だ。努力して、努力して努力せよ。プロというものは、気の遠くなるような訓練の所業である。将棋の羽生名人は「才能とは、継続できる情熱である」と言っている。同感だ。努力を継続できる力こそが才能だ。

努力しても、失敗はするかもしれない。しかし、成功した人は必ず努力している。失敗を恐れて、努力をやめてしまうなら、「バカモン！」だ。可能性は一％あれば、十分。一％あれば、努力する値打ちがある。そう考えて、努力を続けるべきなのだ。

若い頃は「何でもさらりとできるほうがかっこいい」と勘違いする時期がある。努力していても、努力していない風に装いたがる。東大を目指し、田舎の高校で一日十二時間勉強して不合格。

翌年東京の予備校近くに引っ越して、一浪。さらに猛勉強して合格したのに「すごいですね、東大なんて」と言われて「いいえ、たまたま家が近くだったから選んだだけですよ」というヤツもいた。努力は認めるが、なぜその努力を隠すのだ？　努力することがそんなにかっこ悪いのか？「バカモン！」だ。

野球選手はオフの間に基礎練習を何度も何度も行う。サッカー選手だって同じだ。華麗なゴールを決めるために、幼少の頃から毎日毎日何時間も同じ基礎練習を繰り返している。ＳＥもそうだ。目をつむってもプログラムが書けるぐらい、何度も訓練をする。

私は訓練が嫌いではない。努力することが好きだ。人が一時間なら二時間、倍以上の努力をする自信はある。努力することを、無限に面白そうだと思うのだ。スリルがあるし、高揚する。

アイデアというものも、昔は簡単に湧いてこなかったが、今は日々考える習慣が身に付いているので、面白いように湧いて出る。特に、明け方の脳はミッドα波というのが出やすい状態らしく、枕もとのメモが欠かせない。これだって、日々考えるというトレーニングのおかげである。

もうひとつ言えば、私はパソコンを「ノンブラインドタッチ」（いわゆる両手人差し指打法だ）で誰よりも速く打てる。しかも、カナ入力でだ。「カナで悪いか？　速かったらいいんやろ」誰にも文句を言わせまいと、二〇年間キーボードを打ち続けてきた賜物だ。

訓練、また訓練。努力、そしてまた努力だ。一％の可能性があるなら、努力せよ。

馬鹿者

60 だろう**病**になるな。

　仕事に慣れてきた頃、誰もがはまってしまう落とし穴がある。病気である。五月病？　いや違う。もっと怖い。新入社員のみならず、時に中堅社員もかかってしまうことがある。

「だろう病」「つもり病」「思ってました病」である。

「あの人がしてくれるだろう」「これで大丈夫だろう」。「あの人」に「してください」と確認したのか？

　それとも「してあげましょう」と言われたのか？　「これで大丈夫」と誰かに言われたのか？

全て自分が楽をしたいばかりの、希望的観測を挙げ連ねて終わるのが「だろう」病である。

「ちゃんとやったつもりでした」「確認したつもり」でした。

　プロとして期待されたレベルに達していない。頼んだことができていない。抜け落ちがある。段取りミスがある。これらを「つもりだった」で済ませてしまう、「つもり病」は、言い訳の産物である。

「思ってました病」もやっかいだ。これは私も苦い経験がある。入社二ヶ月の頃、榎原先輩に頼まれていた資料を提出したら「近藤、ここはこうしたほうがいいんじゃないか」とアドバイスをもらった。「そうしようと思ってたんですけど」と答えたら、こっぴどく叱られた。「思ってたんなら先に言え！やれ！」と。

楽をしたい、手抜きをしたいことからくる「だろう病」。言い訳でけりをつけようとする「つもり病」「思ってました病」。楽も、手抜きも、言い訳も、仕事には無用のものだ。全体の仕事のレベルを下げる迷惑な病気である。本人の仕事スキルの無さをこれほどあからさまに見せる言葉はない。

「バカモン！　キャリア何十年のベテランでもあるまいに、勘に頼るな。若いうちは実務をとことん積んで積み上げる。せっかく九八％までできているのに、最後の最後に「念のため」という手間をなぜ惜しむ？

厄介なことに、手抜きや言い訳は、続けるとクセになる。そんなヤツの話を聞くと、すべてがつじつま合わせに聞こえてくるのだ。手抜きや言い訳グセは、絶対に付けるな。すでにクセになっているヤツは、即刻直せ。

「……だろう」「……つもりだった」「……と思ってました」。「バカモン！」プロならそれは言うな。後で言うくらいなら、先に言え、そして実行しろ。その上で、「確認しました」「完了しています」と断言せよ。

61 語学を学べ。世界を知れ。

私は約二〇年前、Aさんという社長が経営する派遣会社に二年間籍を置いていたことがある。中国人が多く、年商三、四億円規模の会社だった。私の部下は全て外国人。中国人が二人、マレーシア人が三人だった。その頃は、英語が堪能な先輩がいたために、私が語学を学ぶ必要性をほとんど感じなかった。それどころか「先輩のせいですよ。先輩が英語をしゃべるものだから、皆が日本語をちっとも覚えないじゃないですか。外国人が日本語を覚えるせっかくのチャンスを奪っているんですよ」。こう言って、私は自分を正当化していた。

半分は今でもその通りだと思うし、半分は自分にとって「惜しいことをした」と思っている。若い、時間に余裕のあるあの時に語学を学んでおけば、とは思う。二〇年後の自分が、まさかベトナムに学校をつくることになろうとは思いもよらなかったからである。

くベトナムに設立した学校のことは、昨年メディアにも取り上げられた。その関係で私自身もよく行くし、めまぐるしい変化を目のあたりにする。

最初の頃は通訳に頼りきっていた。それでいけると思っていた。しかし、だんだんもどかしくなってきた。言葉がじかに伝わらないというのは、じれったい。加えて、ベトナムの彼らは仕事にも学びにも、燃えるような目の輝きがある。「彼らの生き方をもっと知りたい。考え方をもっと知りたい」と、仕事を超えてそう思うようになったのだ。

それに、第一、アジアの経営者はほとんど英語をしゃべる。中国人は特にすごい。ビジネスパーソンの多くが、中国語も日本語も英語もペラペラだ。うちのめされる。国内の競争も熾烈だから、三カ国語くらい話せて当然だというムードなのだ。母国語しか話さない経営者は、日本人くらいだ。これでは、日本のビジネスパーソンは「バカモン！」ということになる。ひとまず、私も英語からだ。そう思った私は、空いた時間を見つけて英語を勉強している。TOEICも受けた。四〇を過ぎての手習いで、TOEIC九〇〇越えできれば本でも書くか。

私は具体的にあれこれをやれと、めったに言わない。自分で考えてほしいからだ。だが、これだけは、力説したい。語学は学べ、と。

仕事で必要だということだけではない。グローバリゼーションの時代というだけでもない。はっきり言って、今のままの日本にいてぬるま湯に浸かっていては、アジアでは置いてけぼりを食らう。語学だけは学んでおいて損はない。絶対に活きる、学びなのだ。

馬鹿者

62

猿山の猿で終わるな。ジャングルに出よ。

中国の北京や上海に行ったことがあるだろうか。広大な大地にどこまでも林立する高層ビル群、建築中の建物の数々……。少し前までは自転車が大移動して砂塵が舞い上がるイメージだったが、ここ最近の変容ぶりはものすごい。実際に行けば、日本にいて抱く、「世界の工場、近代都市」といったモダンなイメージは表面的でしかないことに打ちのめされる。肌で体感してみればいい。不気味なほどのエネルギーが、あの四千年の大地からわなわなと伝わってくるのだ。中国は間違いなく日本市場を狙っている。帰国して、「さあ、就職氷河期は過ぎた。売り手市場だ」と就職活動している若者たちを見ていると「バカモン！」と言いたくなる。

ビジネスパーソンにしても然りだ。のんびりと国内市場をうんぬん言い、ほうけている場合ではない。世界を見ろ。国内でトップでも、所詮は猿山のボス猿だ。世界のビジネスはもっと厳しいジャングルだ。とうてい、今のままでは日本は生きていけない。

中国に限らない。弊社の支店があるベトナムでも、そのエネルギーやすさまじい。十年近くベトナムでビジネスを展開してきたが、その発展のスピードには目を見張るものがある。街や人に活気がみなぎっているし、どこもかしこもビジネスの話に目を輝かせる、油断のならないヤツでいっぱいだ。だから、話していてもわくわくする。ハングリーだから、目が違う。輝きが違う。こちらが話すことにも真剣勝負で挑んでくる。中国に負けず劣らず、今後数年の間に驚くほどの変貌を遂げるのは間違いない。

一方日本はどうだ。高齢化社会、人口減少、経済縮小……。日々課題は山積みだし、考えるだけでブルーになる。しかも、それらを日本の中だけで解決しようとしているのが大問題だ。人口減少は確かに国内では問題だが、増えている国もあるのだ。経済市場も、物質的に満ち足りた日本の中では飽和状態だが、まだまだ貧困にあえぐ国もある。ようやく生活必需品を整えて、これから消費に入ろうかという国もある。甘過ぎる。本気で、しかも迅速に取り組まねば、そのうち世界中にそっぽを向かれる国になる。

猿山から外に出てみよ。日本という小さな枠の中だけで考えず、ジャングル全体で解決の途を探さねば、道はない。

馬鹿者 63

顧客視点で発想せよ。

私は会社説明会でいつもこう言う。「あなたたちは最高の武器を持っている。一〇〇%顧客目線でしか考えられないという武器だ」と。

社会人になる前は誰もがただの消費者であり、どこかのお店の顧客であったはずだ。買い物に行ったとき、商品を購入したとき、良くも悪くも顧客目線で企業を見てきたハズだ。しかし、会社という組織に入り、逆の立場になったとたんに、消費者発想、顧客発想ができなくなってしまうのは「バカモン！」だ。

企業支援を行っていて、ふと気づくことがある。その会社で一生懸命努力して目標としていることが、顧客にとってあまり意味がない時だ。例えば、その会社が納期短縮を命と心がけ、顧客が一週間待つつもりだったところを、五日間でやったとする。最初は感謝される。そして次に「三日間ならどうですか」と言われるのだ。また必死で短縮する。

しかし実は、顧客が望んでいるのは納期より、品質かもしれない。「三日間ならどうですか」と言われた時点で「いいえ、弊店の品質を維持するために、職人のスケジュールを調整していくと、絶対五日間はかかります」といったんは断ったほうが、顧客からの信頼度は上がるかもしれないのだ。このように「顧客が望むベクトルと、会社が目標とするベクトル」の先が違うことは案外多い。

「顧客発想とはむずかしいですね」とよく言われる。なぜむずかしいのだろうか？「あなたは今でも依然としてどこかのお店の顧客でしょう？」と。しかし、数字が先にたってしまうのだ。やれ、ノルマだ、売上目標だと言われて考え方がこり固まってしまう。企業論理に支配され、会社に入る前の新鮮な思考が失われてしまう。そしていつしか脳が鈍化し、昨今のさまざまな不祥事が起きるのだ。

社会に入る前の、その顧客目線を持ち続けよ。今持っている、その当たり前の思考を失うな。その上で、商売の仕組みや利益追求など、企業としての使命も踏まえた実践レベルでの顧客視点を養うことが大切だ。簡単なことではない。厳しいビジネスフィールドで、本物の顧客視点を磨き上げろ。間違っても、誤った企業論理には染まるな。

馬鹿者

64 四の五の言うな。一歩を踏み出せ。

会社説明会や、大学の講義で感想をお願いすると「たくさん気づきがありました。ありがとうございました」で終わっているものが多い。「気づきがありました。これを◯◯に活かしていきます」という、次での展開まで添えられているものにはあまりお目にかからない。

顧客視点の発想をするためには、日常の中の気づきを心がけることが大切だ。これももちろん、気づくだけでは進歩がない「バカモン!」だ。次へ進むことが大切だ。ここまで読めば、懸命な方なら、「次」について多くを頭に浮かべるだろう。私はこの本に、訓練が大事だと書いた。検証もしようと書いた。この本は、どこから読んでも何らかを得ていただけるのではと自負しているが、パラパラとでも読んだ後、できれば俯瞰してほしいのだ。すると、いろんな要素が相互に結びついていく。行動の一つ一つが影響しあうことが分かるし、現実的に仕事を行う上での体系的なことが分かると思う。

セミナーを行った後、実際にその学びを即実行する人は、一割に満たないと言われる。成功へのショートカットは、気づくだけでなく、それをやるか、やらないかなのだ。

ある講師が「出会いを大切にし、会った人にはお礼状を出そう」とセミナーで語った。その後の懇親会で名刺交換をした。セミナーの間うなずいていた人々は、「よい気づきをありがとうございました」と感謝したそうだ。しかし、その講師にお礼状を書いたのはほんの一握りだったという。嘘のような本当の話だ。それほど、気づきだけで終わって、行動まで結びつかない人が多いということだ。何事も、はじめなければ、はじまらない。いくらよい気づきを得ても、行動を起こさなければ、そこには何も生まれない。

「チャンスの女神には、前髪しかない」とはよく言われることだ。気付いて、ふむふむと感心していては、あっという間に通り過ぎて前髪をつかみそこねる。

チャンスは一瞬のタイミングだ。実行せよ。四の五の言わず、パッと進め。気づいて、実行したその時点で、一割以下の先頭集団に入ることができるのだ。

65

ガマンを知ろう。頭で肌で学び取れ。

「あの人は今」というようなテレビ番組がたまにある。「あんなにトントン拍子で売れたのに、今はすっかり落ち目だね」という目で見る人も多いだろう。しかし、私にはむしろ、スピーディに出世街道を駆け上り、人の気持ちが分からなかった時の顔よりも、いっそう魅力的に見えるのだ。辛酸もなめたことだろう。借金も抱えたのだろう。しかし苦労をしたからこそ、刻まれたしわに人間としての誇りを感じる。失敗した人間のつらさが分かるようになってからが、真実の成功と言えるのではないだろうか。早い時期に成功して、早々に没落した芸能エリートは、その意味でこれからが楽しみな人生といえるかもしれない。

私は学歴社会も、学歴エリートなるものも、否定はしない。世の中いろんなヤツがいて、それぞれ自分の得意分野を持っている。学歴エリートは、たまたま勉強が得意だった。得意なことは磨けばいい。努力し、勉強で一番になればいい。それも才能である。

ただ、学力テストは記憶力テストの部分が大きい。社会に即通用することはほとんどない。だから、ビジネスでは学校で習ったのとは別の勉強をし直さなくてはいけない。

それは、ガマンを知ることだ。人に対し、ものごとに対し、待つ力を鍛えるのだ。

今の日本では望めばたいていのものが手に入るし、ガマンをすることは美徳でも何でもないと考えられがちだ。ガマンがストレスをためるという考え方もあるし、まず組織ではガマンの原因を取り除くことが必要だとも思える。

だが、それも時と場合による。ガマンを知らない人間はすぐキレルし、あきらめる。日本の安全をおびやかしているのも「ガマン」ができず歯止めが利かなくなった「バカモン！」だ。

私はベトナムの人々を知ることで、今の日本が置き忘れたものをしばしば目にする。その一つが、ガマンなのだ。日々生活できることに感謝して生きる彼らは、今日のガマンがやがて実りをもたらすことを知っている。感謝できるから、人に対しても誠実で謙虚である。

ガマン。もともとは「我への執着から起こる慢心」であったというこの言葉を、私は逆に自己への執着を離れ、人を待つ心だととらえたい。

66

批判グセをやめて、根っこのところを考えよ。

今や、日本中が評論家だ。自分のことは棚上げして、他人を批判するのは大得意。情報が発達したせいで、批判グセの付いたエセ評論家が闊歩する。

何か事が起これば、一般人でも容易にネタにされ、自己責任を追及される。日本中でこぞって、少人数を批判する。

政治家の失言も後を絶たない。昔なら、謝って済まされたことが、どんどん深刻な事態になる。最初は静観視していた政党も問題を大きくしたくないから、なるべく早く辞めてほしいというムードになる。後の担当をどう引き継ぐのかも深くは議論されない。これでは「バカモン！」だ。本質はどこにあるのか。その後の対応こそが問われるべきだ。

仕事でも同じだ。自分で実行しないし、できない。そのくせ批判ばかりするから日本が衰退するのである。ＩＴベンチャーも格好の批判ネタだ。ベンチャー起業家で金儲けだけ、自分のことだけ考えるいい加減なヤツも多いのは、確かに事実。だが、十把ひとからげではない。ソフトバンクの孫正義氏のように、本気で社会を変えようという経営者もいるのだ。

弊社も、地球や日本の未来をまじめに考えている。ＩＴ社会が生んだ影の部分が少しでもなくなるようにという理念を持ちつつ、中小企業支援を行っている。

それも知らずに「ＩＴ＝金儲け」と評する短絡的なヤツは「バカモン！」だ。

格差社会、成果主義、年功序列もそうだ。言葉だけが一人歩きして、年功序列は組織のモチベーションを下げる悪しき遺産かのように批判される。ひと頃は成果主義がもてはやされた。人員整理をし、希望退職者を募り、組織をスリム化することで日本はどうにかこうにか生き延びてきた。

結果、今、多くの企業が人材難で悩んでいる。そして、成果主義に傾いていたビジネス界も、日本古来のやり方は悪くないじゃないかという意見が増えてきた。どれがいいということではない。折衷型で、それぞれの長所を活かせばいい。とりわけ、高度成長時代を支えてきたベテランへのリスペクトは払うべきだ。批判グセをやめて、それぞれにあった方法を、しっかり見つけていけばいいのだ。

単に批判するだけの非生産的な習慣からは、成果や新しいものは生まれない。本質を、本物を自分の目で見極めよ。そして社会、地球、日本の未来を変えていける本物の人間になれ。本物の会社、本物のビジネスパーソンが増えれば、未来を変えることは決して不可能ではないのだから。

馬鹿者

67 太陽か月になれ。

明るく元気な顔で仕事をするのは、ビジネスパーソンの基本だ。暗い顔で仕事しているヤツといると、こっちまで気がめいってくる。

私はよく、「近藤さんと話をしたら元気がでました」と言われる。それは実際私自身元気だし、楽しくて仕方がないからだ。加えて、プロたるもの、人に嫌な印象を与えてはいけないと意識している。ビジネスの話を的確かつ真剣に進めるのは当たり前だ。加えて、人と人が仕事をするのだから、楽しくなくてはいけない。相手をいかに元気にし、楽しませるかが肝要だ。他の項でも述べているが、ビジネスパーソンたるもの、常にエンターテイナーであることも意識しておく必要がある。

だいたい、しんきくさい顔で仕事をしても悪循環に陥るだけだ。暗いムードは周りにも波及し、迷惑この上ない。逆に楽しく仕事をしているなら、プラスのスパイラルになる。わくわくと心躍る気持ちは周りにも伝わる。この高揚感が肝である。

社員にはよく言う。「太陽か月になれ」と。自分自身で輝いて周りを照らす太陽になるか、太陽によって照らされながらしっかりと存在感を持つ月になるか。組織には、両方の存在が必要だ。手に負えないのは、太陽が照らしているのに、輝きもしない「バカモン！」だ。

明るく元気に仕事せよ。そして笑顔を心がけよ。プロのビジネスパーソンは皆笑顔がいい。あいさつがいい。自然な雰囲気で明るく会話をする。相手の目を見て、にこやかに話す。そしていつも「どうしたらこの人を楽しませようか」と考える。

上司が同じ内容の報告を部下から受けたとしよう。Aは元気よくはっきりと話し、Bは浮かない顔でぼそぼそと話すのでは、受け手の印象はまるで違う。Aには可能性を感じるし、「その調子でがんばっていけ！」と励ましたくなる。逆にBのほうは、「うまくいってるのに、その浮かない顔としゃべり方はなんだ。それじゃあ得意先に逃げられるぞ」と言いたくなる。

営業パーソンに限らない。経理や総務の仕事でも、皆社内では誰かに常に接しているはずだ。プロとは、与えられた仕事をこなすだけでなく、自分の印象が周りに与える影響というものを常に考えながら仕事をする必要がある。

68

感性で人と付き合え。

社会は同質化、マス化とは全く逆の方向に向かおうとしている。大量生産されていたものは多品種少量生産へ、マスの情報はweb2.0に代表される個の情報の集積へ。ややこしい時代を生き抜くビジネスパーソンには、感性で人と付き合うことが大切だ。

仕事をしていると「感性が合う」と思える人がいる。感性の合う人から、その人の知人を紹介してもらうと、ほぼ間違いなく、自分にとっても感性の合う人である。私はこれを「感性のネットワーク」と呼んでいる。

感性の合う人は、ものごとの考え方や、ビジネスにおける行動パターンなどが自然と似てくる。だから初めてでも五分で打ち解けられるし、違和感が全くない。まるで旧知の友のように会話が弾むのだ。これは偶然のつながりのようでいて、感性が呼び寄せた必然の出会いであるといえるのではないか。私はこれを「偶然の必然」と言うが、感性はそれほど、人と人を結びつける強い力を持っている。

異業種交流会、名刺交換会などで人脈を求めることが悪いとは言わないが、名刺の数だけ増やして嬉々としているようなら「バカモン！」だ。

人脈は、数より質、質より感性だ。質を例えば「地位、役職」と言い換えるなら、「感性」のほうが上である。「自分と同規模の中小企業の経営者」というよりも「自分と同じ感性の人間」ととらえて、その出会いを重視するほうが、公私ともに充実できる。

例えば、私から見たら一〇歳年下の社員でも「お、これは割と近いな」と思えることがある。逆に二〇歳年上の経営者でも「感性が似ているな」と感じることがある。感性とは、地位や仕事ジャンルを超えた、全く別のものである。単に話していて楽しいから、どんどん話す。刺激を受け合う。結果、ありきたりのネットワークでは想像が及ばないところに話が発展することもあるため「まさか仕事になるとはね」ということにもなるのだ。そういう場合は、スタートが「感性が似ている」というところから始まるので、無理がないし、うまくいく。楽しい想定外仕事なのである。

感性を重視せよ。業種や、年齢や、役職で付き合うな。肩書きを外して、同じまなざしの人間と共に語らえ。

馬鹿者

69 スランプ脱出の鍵は「人」だ。

人間、誰しもスランプになることがある。私にもスランプがあった。三七、八歳頃のことだ。その時「お前に欠けているのは、勇気だ」と中島先輩に言われたことを今も思い出す。柳生新陰流の奥義に「勇気を持つこと」というものがある。この言葉がしみじみと、しみた。そして、本当にそうだ、と思ったのだ。

この中島先輩は私より一〇歳年上で、お金のなかった二〇代の私はしょっちゅう二、三万円前借りをしていた。新入社員の頃の給与は一四、五万円だったから、万年金欠病だったのだ。だから、今でも電話をかけると「何だ？　出資依頼か？」と冗談を言われる。生涯言われるに違いない。

また、私がスランプの時、榎原先輩は「宮本武蔵を読め」と言ってくれた。むさぼるように読み、結局八巻全部を読破した。その中に見つけた言葉は、スランプを救ってくれただけでなく、座右の銘ともなっている…「我、事に後悔せず」。

ごまかした時。うそをついた時、手抜きをした時。ずるをした時。私は自分を後悔することになるだろう。後悔しないでおこうと心に決めた。

二十代半ばから、今に至るまで、常に私を見守り、励まし続けてくれている方がいる。髙塚さんだ。私が二五歳くらいの時ヘッドハンティングの誘いをもらった方だ。今は六〇歳半ばぐらいの方だが、ますますセンスが磨かれ、いぶし銀のビジネスパーソンとして、弊社も業務アライアンスを組んでいる。髙塚さんには、事あるごとに相談し、そのたびに的確なアドバイスをいただいている。

中島先輩、榎原先輩、舟岡先輩、髙塚さん、落水先輩。昔の先輩や友人は、二〇年経った今でも、変わらぬ付き合いをしてもらえるのがありがたい。起業し、経営者となり、アジアに進出しても、昔の先輩や友人にとって、私は「後輩の一人」であり「友人の一人」である。私をストレートに、素のままで見てくれているから、率直な意見をくれる。

さらには、人間、子どもの頃から基本的な短所や長所は変わっていない。だから、乾いた土に水がサァッとしみるように、心に入っていき、首を縦に振るばかりなのだ。

スランプだ、と思ったら、人に会うのがいい。しかもなるべく、昔の自分を知っているような先輩や友人に会うといい。全く違う場所で違う時間を過ごしてきたのに、本質を捉えたアドバイスに出会えることが多いのだ。昔懐かしい「バカモン！」の一言が、あなたに勇気を与えてくれるかもしれないのだ。

魔著

70 「ご縁に感謝」を口にせよ。

私は、昔の友人、昔の先輩という言い方をしているが、今でも友人であり先輩である。しかもその中でたくさんの人が、弊社の株主になってくれている。ありがたいことである。

ビジネスパーソンとして、それ以前に一人の人間として、感謝を忘れてはいけないと日々思っている。弊社に、高橋という社員がいる。この本の出版をアシストしてくれた二九歳の社員であり、新婚である。ビジネススキルはこれからおおいに磨いてほしいと願っているが、ひとつ、私が感心していることがある。それは、彼がよく人に対して「ご縁に感謝しています」と口にするということだ。

「ご縁に感謝」……私は少なくとも、三〇代半ばまではなかなか口に出せなかった。もちろん、心中では感謝しているのだが、言葉にするのは気恥ずかしいものだ。似合わない気もしていたし、相手にも伝わっている気でいた。

しかし、最近になって思う。若い時から「ご縁に感謝」を口にできるヤツはなかなかだ。口にすることに意味がある、と。結婚式でお父さんにお会いして納得がいった。「どうか、息子に厳しくしてください」とおっしゃったのだ。本当に、人が育つとはどういうことかをご存知なのだろう。

出会いとは不思議なものだ。星の数ほど人がいるのに、一生に出会う人は数えるほどだ。その中で素通りしていく人もいるだろうし、生涯付き合うことになる人もいるだろう。まさに、奇跡とさえ思う。そして一緒に仕事をして、同じまなざしで何かに向かって努力できる。素晴らしい。このありがたさが分からずに、人とのご縁をおろそかにするヤツは「バカモン！」だ。

中島みゆきの「糸」という歌がある。いずれ出会う運命にある二人を、縦糸と横糸にたとえ、やがて交差する（出会う）幸せ歌う。いいご縁で出会った人は、まるで糸と糸が交差した時、お互いの過去と一瞬でつながりあったかのように、すぐに意気投合できる。出会いとは、本当に不思議なものだ。

「ご縁に感謝」と、意識して口にせよ。心で思うだけでなく、「ご縁をいただけて光栄です」と口に出す。言葉にすれば相手に伝わる。この循環が、さらにいい出会いをつなぐだろう。

この本を読まれたのも何かのご縁だ。もし、弊社に、あるいは私に少しでも興味を持っていただいたなら、ぜひ弊社のホームページにアクセスし、ご感想などいただけるとうれしい。「ご縁に感謝」である。

71 誰のおかげか覚えておけ。

ご縁に感謝。出会いは多くのヒントをくれるし、勇気をくれる。人との出会いで目の前の仕事が一気に展開できることもあれば、先に述べたスランプ脱出の鍵になることもある。また、そうした印象的な出来事がなくても、いつも静かに見守ってくれる人もいる。

すでに書いたように、私のスランプを救ってくれたのは、榎原先輩に勧められた宮本武蔵の書であった。そこに見つけた一言「我、事に後悔せず」が、どんなに勇気をくれたかしれない。会社を始めた時の気持ちが鮮烈によみがえってきた。

人生には、座右の銘になるような忘れがたい言葉を贈ってくれる人がいる。「こいつを何とかしてやろう。力になりたい」。たいていはそういう相手の気持ちから出る言葉である。

こういう言葉は、誰に聞いたかは絶対に覚えておくべきだ。「私の座右の銘です。誰に聞いたか忘れましたが」では「バカモン！」だ。もっとひどいのは、違う人から聞いた言葉と勘違いして記憶することだ。問題外である。

記憶するということは、それを口にするたびに、その人のことを思う。ああ、ありがたいとまた感謝することができる。そのご縁で人生がつながっていくのだ。それなのに、記憶違いをしてどうする。

私は会話の中で人に本を薦められたり、こんな言葉がありますよと教えてもらったりしたら、必ず記録しておく。「それはいいですね」と済ませてしまえば、せっかくのチャンスを逃がすことを知っている。記憶ではない。文字でとどめておくのだ。こうすれば忘れない。もしも「誰の言葉だったかな」というような言葉があれば、社員にも調べておくよう頼む。かなり必死で彼らは探す。たった一、二行の言葉が人生を変えることがあることを、口をすっぱくして言っているからだ。

人を紹介してもらっても同じだ。「あなたとは◯◯さんのご縁で出会いましたね」と何年か後に人違いをして話したらどうだろう。到底信頼などされない。

感謝をせよ。人生を導いてくれた人や、本や、言葉を忘れるな。人を紹介されたら、誰のご縁か覚えておけ。記憶ではなく、記録せよ。本物のビジネスパーソンにとって、その気持ちこそが、これから先の人生の羅針盤になるのだ。

馬鹿者

72

勇気を持て。生まれつき強いヤツはいない。

「どうして近藤さんはそんなに強いのですか」と言われることがある。強くはない。あえて言うなら「強くあらねばという意志が強い」のだと思う。

ストレス社会である。まれに「（ストレスで）胃が痛くなったことは一度もない」という経営者がいるが、信じがたいことだ。ラストパーソンとして、自分の後ろに誰も後ろ盾がないに、自分の前にはズラリと社員や仕入れ先が並んでいるのだ。胃が痛くならないほうがおかしい。

そのギリギリ感がなければ、ビジネスは成功しない。

ストレスは、誰しも多少はあるものだ。格差社会が叫ばれて久しい。先行きは依然として、明るいとは言えない。まだまだだ。

しかし、これから社会の一員になろうとするなら、ストレス耐性を付けておかねばならない。精神的な強さはどうしたって必須である。体力も、対人対応能力も付けておくべきである。生まれつき、強い人間などいないのだ。精神的な強さは、環境がつくっていく。同じストレスでも、どんどん落ち込む人と、それをバネにもっと強くなる人がいる。

メンタルトレーニングを積むか、積まないかの差だ。「自分はプレッシャーに弱いから」と精神論に逃げて、言い訳をしては「バカモン!」だ。仕事は精神論ではない、現実だ。

いっそのこと、プレッシャーを楽しもうと考えるのがいいだろう。普段から、今の自分より五%、一〇%負荷をかけることを習慣にするのだ。あまり大きな負荷ではなく、わずかの負荷でいい。自分の環境を力に変えていく。生まれた時は、みんな弱い。将来に不安があるなら、なおさらのことだ。

別項目でもふれているが、私がスランプに陥った時、救ってくれた中島先輩の言葉を改めて贈ろう。

「勇気を持て」――この一言に、私はどれほど救われたことだろう。「お前に一つだけ足りないものがある。勇気だ。勇気を持て」と。ああ、本当にそうだと心にしみいり、足下から奮い立つのを感じた。

この先、社会ではいろんなことがある。出会いがある。スランプもある。しかし、勇気で砕けない岩はない。勇気を持って、堂々と自分の人生を歩いて行け。

あとがき

夕暮れの小学校。校庭で、その校庭より暗く、私は悲嘆に暮れていた。目の前には、帰宅時間も迫るというのにドッジボールを楽しむクラスメイト達がいた。輪に入りたい。しかし、言えない。それくらい私は引っ込み思案だったのだ。人生において、あれほどつらかった時はない。自分は何もできない、ダメな人間だと思っていた。あのつらさを思い出せば、今でもたいていのことは乗り越えられると思えるほどだ。

しかし、中学校に入り、世の中そう捨てたもんじゃないと思うようになった。勉強はさほど好きではなかったし、授業も大して聴かなかった。算数は教科書をめくり、数分で公式を理解したら、あとは授業中遊んでいたも同然だった。

高校の勉強は、さすがに遊んでばかりはいられなくなった。さらに二年生から、成績順にクラスが編成されることになった。落ちこぼれると、友達と違うクラスになってしまう。それはまずいということで、仕方なく勉強したのを今でも覚えている。私は、勉強をその程度にしか考えていなかったのだ。

大学受験もそれほど関心がなかったが、それでも約半年間ほどは受験勉強らしきことをやった。神戸の街にあこがれていたので、神戸大を受験し、入学した。

この本は、そこそこの自分が、天狗になり、鼻をへし折られて、そしてささやかなりとも今度は本当の自信のようなものを、地に足着けて獲得してきた過程で得たエッセンスをつづったものだ。

私は子供の頃から、よく父親に叱られた。納得のいく叱り方もあれば、子供心にも、それはないだろうと思えるような理不尽な叱り方まで、とにかくよく叱られた。

高校受験の時など、勉強をしている暇があったら仕事を手伝えと叱られ、農作業に駆り出されるほどであった。受験の時くらい、お願いだから勉強させてくれと、本気で父親に頼み込んだことすらある。しかし今になって思えば、おかげで叱られることが子供時代から習慣化されてきたのだ。だから、社会人になってからも、上司に叱られることに対してさほど抵抗を感じなかった。だから父親にとても感謝している。

今、アジアは激動の時代を迎え、日本もそのうねりの渦中にいる。毎月一度はアジアへ飛び、変化のスピードを目の当たりにしているが、激変するアジアにうろたえるどころか、むしろチャンスと心が奮い立ってくる。これも、気まぐれに変化する自然が相手の農作業を手伝っていた子供時代の経験が色濃く影響していると感じずにはいられない。

子供の頃、親に甘やかされてきた温室育ちの人間は、叱られることに免疫がない。ちょっと強く言われただけで萎えてしまう。しかも、親がレールを敷いてくれたようなヤツは、変化にも弱い。それでは社会人は務まらない。上司から見ても、扱いにくい社員と思われるだけである。

今こそ叱られることが必要だ。上司にも、親にも叱られない若い世代は、叱咤されること、鼓舞されることに乾いている。だからこそ他人にも無関心を装い、利己主義に走る。

大変だ。このままでは日本は乾ききって、干からびる。アジアのエネルギーのうねりに飲み込まれてしまう。雑草のように打たれ強く、変化に適応する力も備え、日本で、アジアで活躍できるヤツがひとりでも多く出てきてほしい。そう思って、私はこの本を書いた。私とて、まだまだ人生半ばである。羅針盤である榎原先輩や舟岡先輩は今も昔と変わらず、お元気で、そしてスーパー現役だ。学びは尽きない。

私より十歳上の榎原先輩と数年ぶりに再会したとき、榎原先輩は人生の時間を時計に例えてこう言われた。

「お前が今いる場所は午前一〇時、俺は午後五時だ。でも俺は、まだ遅くなる。残業するから」。

強烈にかっこ良かった。今の時代、残業という言葉にネガティブなイメージを抱く人もいるだろうが、先輩の口から出た人生の「残業」をいつか私もしたいと思った。

先輩はその言葉通り、四〇代で新たな分野を勉強し、五〇代の今、弁理士を目指して弁理士事務所に入り直しておられる。そのエネルギッシュな姿を見て思うのだ。人生何をするにも遅過ぎるということはない、と。

先輩の言葉を、若き友人であるあなたに、私からそのまま贈ろう。そして私も将来、自分の人生で残業をするだろう。仕事は楽しいじゃないか。一生成長したいじゃないか。

最後に、この本の出版をアシストしていただいた前田めぐる氏、そしてブレインワークスの編集スタッフ・高橋武男に心より感謝の意を表したい。

二〇〇七年　春

株式会社ブレインワークス　代表取締役　近藤　昇

『気がきく人 気がきかない人
―何が不足でもっと“いい仕事”ができないのか！』

感性が重要な時代。感性と気配りは一体である。人の縁の決め手でもある。気が回るかどうかが、仕事も人生さえも左右するのだ。

著者：山形 琢也
価格：1,068 円＋税
発行：三笠書房

『失敗学のすすめ』

失敗なくして成功なし。ただし、同じ失敗は繰り返すな。本書を読んで、失敗に学ぶ方法を身に付けよう。

著者：畑村 洋一郎
価格：1,600 円＋税
発行：講談社

『アイデアのつくり方』

アイデアづくりには、公式がある。この本を参考に、どんどんアイデアを生み出そう。二千個のうち、一つ実って本物だ。

著者：ジェームス W. ヤング
価格：777 円＋税
発行：阪急コミュニケーションズ

『人は「感情」から老化する
―前頭葉の若さを保つ習慣術』

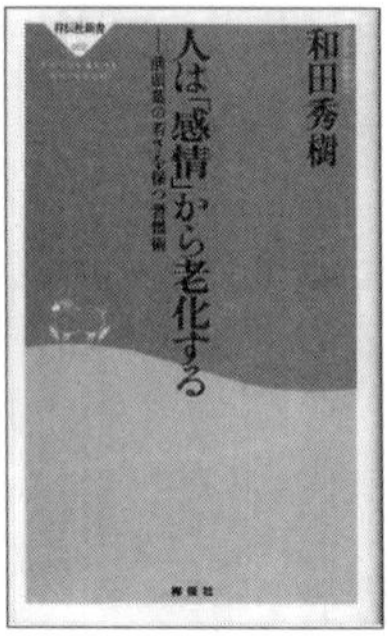

感情の老化は若くてもはじまる。二十代で自発性や意欲が減衰してどうする?! 感情を若く保つリフレッシュ力を身に付けよう。

著者：和田 秀樹
価格：740 円＋税
発行：祥伝社

近藤昇の推薦書籍ご紹介

①『ビジョナリー・カンパニー ―時代を超える生存の原則』
②『ビジョナリー・カンパニー２ ―飛躍の法則』

同じ志を持つ人と、一緒のバスに乗る。ビジョンの共有が企業の未来を創るのだ。存在価値のある会社の姿を示した必読書シリーズ。

①著者：ジェームズ・C. コリンズ／ジェリー・I. ポラス
価格：1,942 円＋税　発行：日経 BP 出版センター

②著者：ジェームズ・C. コリンズ
価格：2,200 円＋税　発行：日経 BP 社

『７つの習慣 ―成功には原則があった』

ビジネスは習慣化が勝負。一歩一歩、確実な積み上げが必須である。仕事の習慣は、新入社員時代に身に付けるのがベストだ。

著者：スティーブン・R・コヴィー
価格：1,942 円＋税
発行：キング・ベアー出版

『仕事は自分で創れ！ ―タフな時代を生き抜くビジネス筋力の鍛え方』

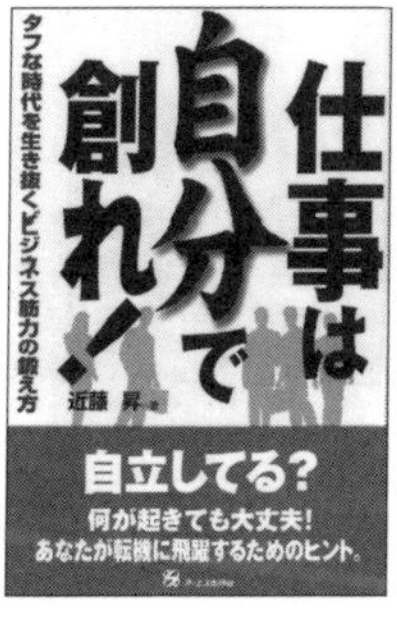

楽しく仕事しよう。どうせ、プロへの道は苦難の連続なのだから。「バカモン！」と共に本書も読めば、仕事はもっと楽しくなる。

著者：近藤 昇
価格：1,300 円＋税
発行：インデックス・コミュニケーションズ

『はじめの一歩を踏み出そう ―成功する人たちの起業術』

四の五の言わずに、やってみる。実行力が基礎体力の源だ。本書を手に、勇気を持ってビジネスの大海原に飛び込もう。

著者：マイケル・E. ガーバー
価格：1,400 円＋税
発行：世界文化社

『先輩がやってしまった失敗 50 知らないと恥ずかしいビジネスマナー これだけは！ 絶対習得 編』

著者：コーラル・ブレインワークス
価格：1,000 円＋税　発行：カナリア書房

一流のビジネスパーソンを目指して、
先輩の失敗事例から礼儀作法の基本を学びとろう！

社会に出る、組織の一員になる――念願の会社に入った！と思ったとたん、たくさんのルールが新人会社員の目の前に立ちはだかります。本書は、先輩たちが知らずしてやってしまった失敗例をもとに、ビジネスパーソンとして生きていくために「これだけは覚えてほしい！」礼儀作法の基本をまとめたものです。新人会社員としてどんな心得が必要なのか、上司や先輩、社員同士の人間関係はどうすればうまくやっていけるのか、仕事ですぐに活かせる実践的な電話応対術や接客など、指南役の“マミィ藤原”がママのようにあたたかく指導､解説します｡気配り上手はビジネスパーソンの大きな武器に！悩める新入社員のみなさんへ贈る一冊。

■デキル！ビジネスパーソンのための必修科目
　身だしなみ／出社・退社／新人の心得／電話での対応／接客・訪問／
　人間関係・社内マナー／お酒の席／実務

カナリア書房の書籍ご紹介

『優秀なIT担当者はクビにしなさい！』

中小企業の経営者は、自社のIT担当者を優秀だと勘違いしていることが多い。これからの企業に必要な、本当に優秀なIT担当者とは？

著者：ブレインワークス
価格：1,400円＋税
発行：カナリア書房

『乗り遅れるな！ベトナムビジネスがいま熱い』

アジア屈指の急成長をとげるベトナム。経済成長の背景から参入事例まで情報満載！ベトナムに関心のある人にオススメの一冊。

著者：上田義朗・ブレインワークス
価格：1,800円＋税
発行：カナリア書房

『営業を以って楽しむべし！営楽道場 「聴く」ためのロジカル・インタビュー質問技法』

営業は“聴く”ことが仕事。「聴く耳」持たずして営業は務まらない。相手に気付かせ言葉を引き出すスキルを本書で学ぼう。

著者：古渕元龍
価格：1,600円＋税
発行：カナリア書房

『マンガでわかる！　親子のためのインターネット&ケータイの使い方』

インターネットやケータイを使う上で、気をつけるべきモラルやマナー。それを“妖精もらるん”と共に考えるハンドブック。

著者：ブレインワークス・あすなろ法律事務所監修
価格：600円＋税
発行：カナリア書房

ブレインワークスグループご案内

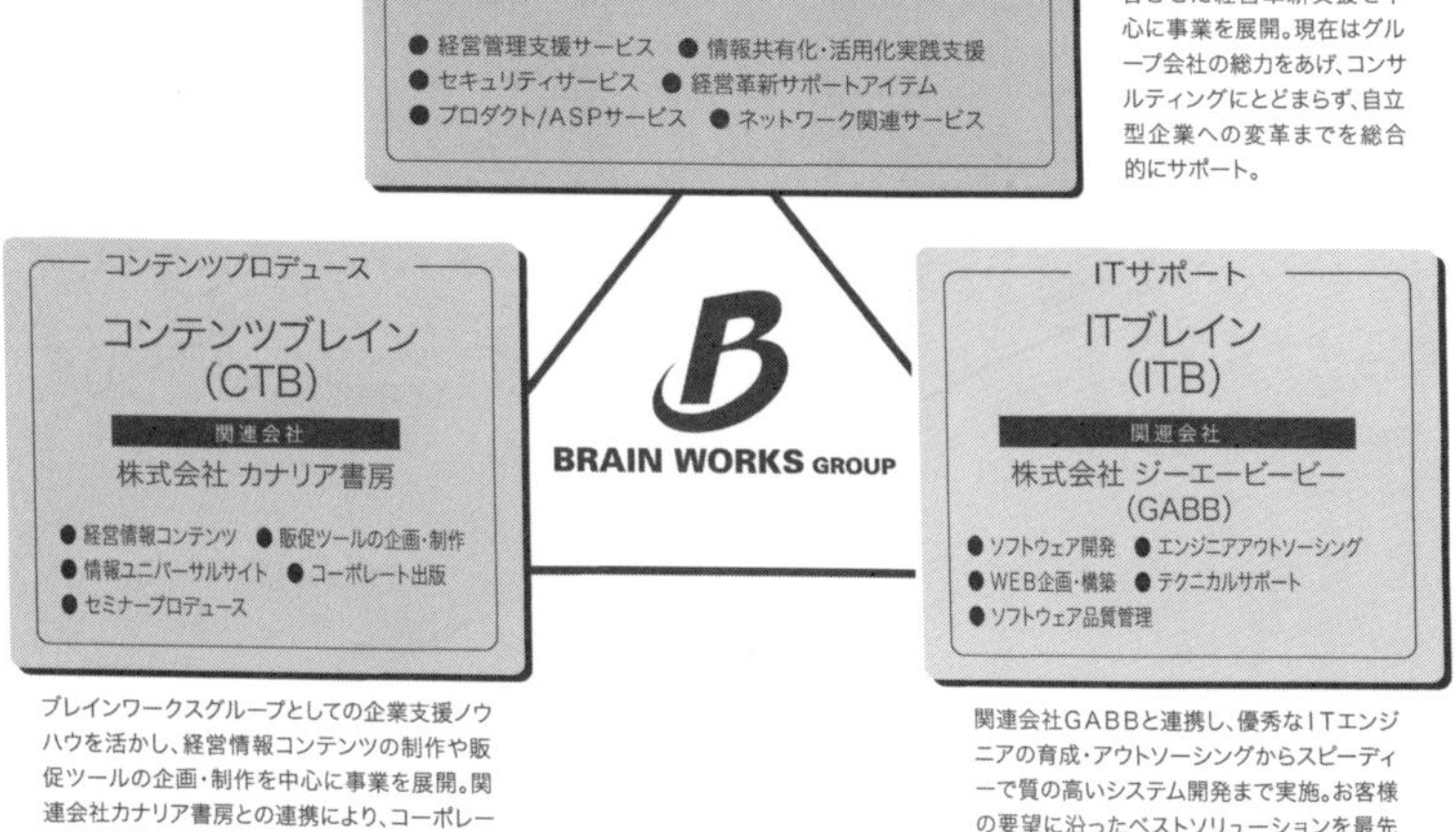
経営をサポート
ブレインワークス(BW)

創業以来、経営コンサルティングとITソリューションを融合させた経営革新支援を中心に事業を展開。現在はグループ会社の総力をあげ、コンサルティングにとどまらず、自立型企業への変革までを総合的にサポート。

ブレインワークスグループとしての企業支援ノウハウを活かし、経営情報コンテンツの制作や販促ツールの企画・制作を中心に事業を展開。関連会社カナリア書房との連携により、コーポレート出版、そして出版後のセミナープロデュースなども手がける。

関連会社GABBと連携し、優秀なITエンジニアの育成・アウトソーシングからスピーディーで質の高いシステム開発まで実施。お客様の要望に沿ったベストソリューションを最先端のIT技術と知識でサポート。

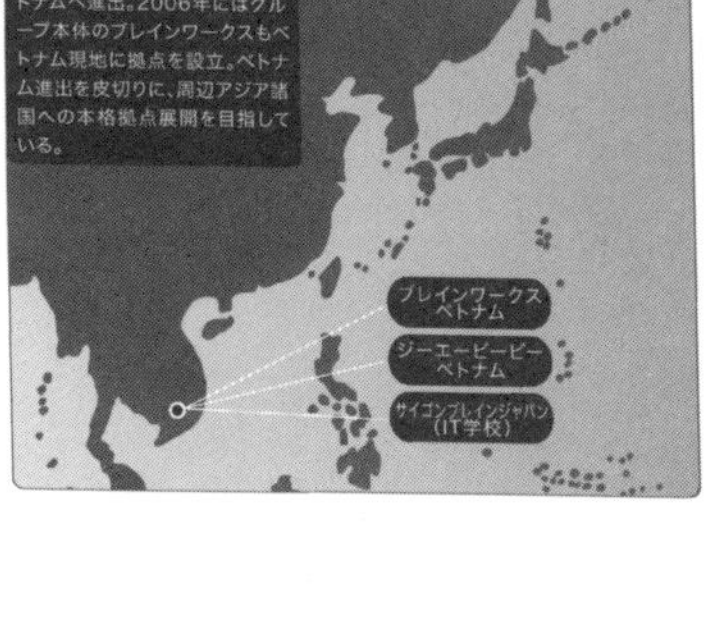
●海外拠点
アジア展開の第一拠点として2001年、関連会社GABBがベトナムへ進出。2006年にはグループ本体のブレインワークスもベトナム現地に拠点を設立。ベトナム進出を皮切りに、周辺アジア諸国への本格拠点展開を目指している。

●国内拠点

近藤　昇（こんどう　のぼる）

株式会社ブレインワークス代表取締役。1962年徳島県生まれ。神戸大学工学部建築学科卒業。一級建築士、特種情報処理技術者の資格を有する。日本を元気にする——この強い思いのもと、特に中小企業の総合支援事業やコンサルタント活動を精力的に展開、若者の啓蒙にも強い関心を持つ。

人つながりを活かし、大学や経営者セミナーでの講演活動、ビジネス関連雑誌の執筆も行なっている。また、アジア関連ビジネスの活動も積極的に展開している。

主な著書に、『マンガでわかる！家族のための個人情報保護ハンドブック』『顧客づくりのためのプライバシーマーク活用術』（カナリア書房）、『IT、情報活用、セキュリティで右往左往しない社長の鉄則77』（明日香出版社）、『仕事は自分で創れ！』『だから中小企業のIT化は失敗する』（インデックス・コミュニケーションズ）などがある。

ブレインワークスグループHP
● http://www.bwg.co.jp

一流ビジネスパーソンへの登竜門
バカモン！

初　版　　2007年3月20日［初版第一刷発行］

著　者　　近藤　昇
発行者　　玉置哲也
発行所　　株式会社カナリア書房
〒141-0031　東京都品川区西五反田6-2-7 ウエストサイド五反田ビル3F
TEL　03-5436-9701　FAX　03-3491-9699
http://www.canaria-book.com/

編集協力　前田めぐる
装　丁　新藤　昇
DTP　伏田光宏（F's factory）
印刷・製本所　三松堂印刷株式会社

ISBN978-4-7782-0040-4 C0034